JN065132

記憶の社会学とアルヴァックス

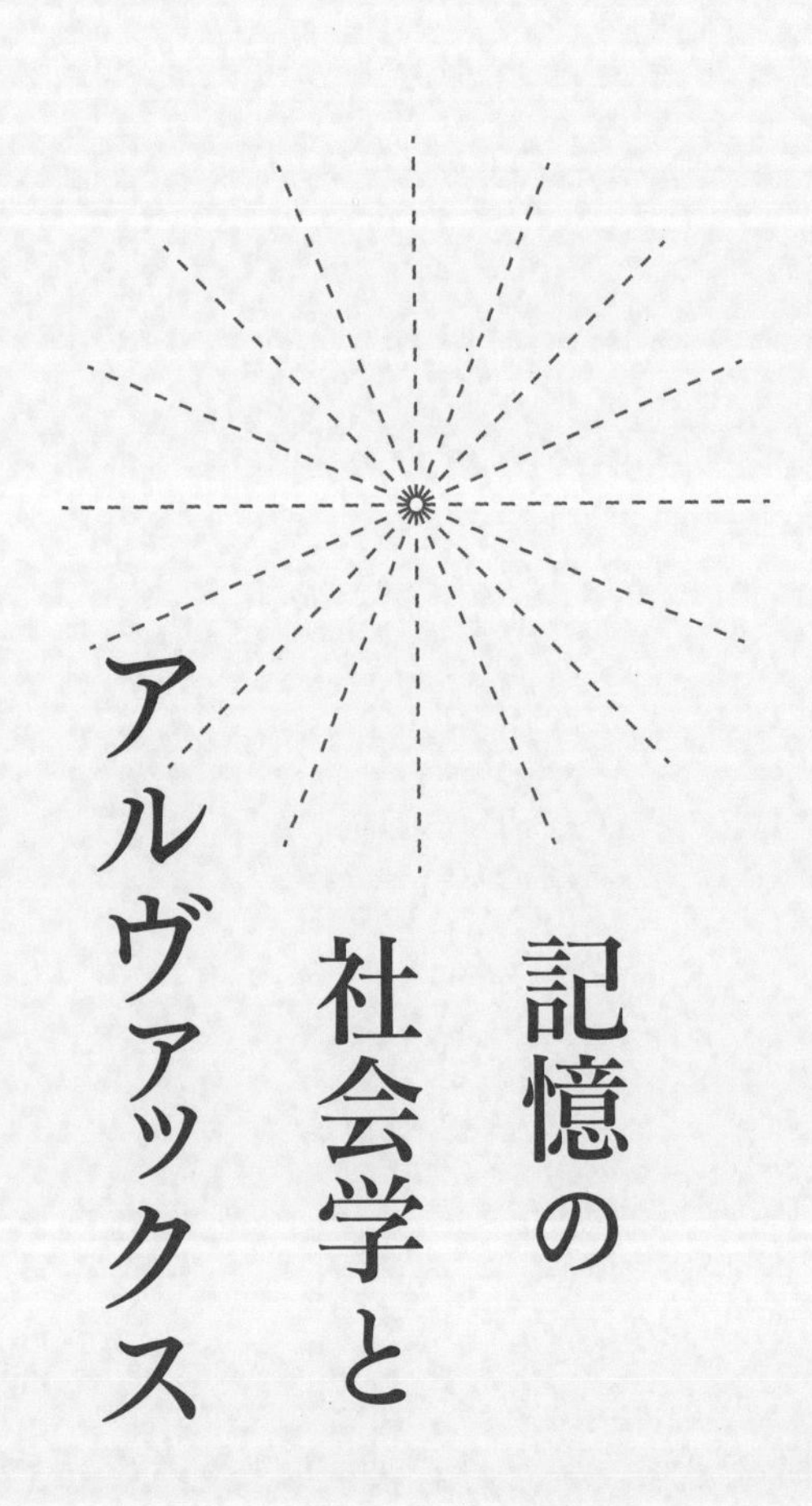

金瑛［著］

晃洋書房

記憶の社会学とアルヴァックス

目次

序章

記憶は、きわめて私秘的な現象である一方で、きわめて集合的な現象でもある。たとえば、個人の内面の奥深くで過去がいつまでも影響を及ぼすこともあれば、特定の過去をめぐって複数の人間が共鳴したり対立したりすることもある。記憶は、個人の人格形成に深く関わると同時に、集団形成や集団間の対立においても重要な鍵となる。このような性質ゆえに、心理学や脳科学においてのみでなく、精神分析や哲学、歴史学や文学などにおいても記憶は重要なテーマとなってきた。

記憶というテーマが人文・社会科学において広く論じられるようになったのは、一九八〇年代から一九九〇年代にかけて世界的に顕在化し始める「記憶ブーム」とも呼べる現象においてである。この時期に「記憶」への関心が高まった理由はさまざまに指摘されている。たとえば松浦雄介は、「同時期に顕在化したグローバル化によって、国民国家をはじめとする既存の集団的カテゴリーがゆらぎはじめたこと、それにともなって、そのカテゴリーのもとに構成されていた集合的記憶の再審請求がなされ、ホロコーストや歴史教科書など、戦争の記憶にかかわる問題があらたに問われるようになったこと」（松浦 2005 : 28）を背景として指摘している。

こうした事情を背景にした「記憶ブーム」においてまず優勢となったのは、「戦争の記憶」をめぐる議論である。日本においては、「従軍慰安婦」問題について論じた高橋（2001）や、スミソニアン博物館の原爆展示の問題を論じた米山（2003）などが代表的なものとして挙げられるだろう。こうした流れは、国民国家批判やポスト・コロニアル研究の隆盛と共に大きな盛り上がりを見せていった。

一方で、「戦争の記憶」論に限られない記憶論の潮流も大きな流れをなしている。この流れの代表的な研究としては、ピエール・ノラの『記憶の場』（一九八四―一九九二）の流れを汲む表象文化・記念行為の研究や、世界遺産ブームを背景にした文化遺産研究などを挙げることができるだろう。ヴォルフガング・シュヴェントカーによれば、こうした研究が頻出したのは、「言語論的転回」あるいは「ヴィジュアル・アイコニック的転回」と言われる潮流によって、それまでの歴史研究を支えていた実証主義的な自己確証に終焉がもたらされたためである。つまり、構築主義的な歴史把握が強調されることになり、「歴史」と「記憶」の関係が新たに問い直されることになったためである。シュヴェントカーはノラの『記憶の場』に代表される記憶研究の流れを、「大きな『マスター・ナラティヴ』が持っていた暫定的な自明性から距離を取り、記憶の内容に関して、空間性を重視し物語性を回避して配列しようという方法への転換」（シュヴェントカー 2004:171）だと述べている。

以上のような流れの中で再評価の機運が高まったのが、モーリス・アルヴァックス（一八七七―一九四五）の集合的記憶（mémoire collective）論である。だが、「記憶ブーム」においてにわかに再評価されたこともあって、彼の「集合的記憶」という概念は便利なレトリックとして消費されてきた感が否めない。特に日本の社会学においては、「過去が現在の観点から再構成される」というテーゼばかりに注目が集まり、構築主義に親和的なものとしてアルヴァックスが解釈されてきた。その代表的なものが、アルヴァックスの記憶論を日本に紹介した大野道邦と浜日出夫による解釈である。

まず、大野による解釈を見ておこう。大野は集合的記憶を「事件についての集合表象」（大野 2011:163）と考え、歴史的な事件や出来事をめぐる集合表象の問題として集合的記憶を論じた。大野がそこで着目しているのが、「記憶が過去のオリジナルな事象や事件や人物や行為の単なる再現ではなく、『現在』からのこれらの現象の社会的・集合的な『再構成』である」（大野 2011:111）というアルヴァックスの主張である。この解釈はアルヴァックスを「現在主義」（Coser 1992: 25）として解釈する立場であり、大野もコーザーの解釈を参照している（大野 2011:102）。大野はこの立場から、その都度の現在における過去の表象の分析を通じた集合的記憶の実証研究に、アルヴァックスの理論を適用した。大野自身は、伊勢湾台風のような災害や赤穂事件のような歴史的出来事を具体的な事例として取り上げている。

次は、浜による解釈を見ておこう。浜の解釈の特徴は、コーザーの「現在主義」解釈に依拠している点と、ピエール・ノラの『記憶の場』に代表される記憶研究の流れ（空間に着目して記憶を研究する流れ）の中にアルヴァックスの記憶論を位置づけている点にある。浜は、「歴史の社会学」の観点からアルヴァックスに着目した。「歴史の社会学」とは、「歴史を、過去に起こった出来事のクロノロジカルな連鎖としてとらえるのではなく、想起を通していまここにおいて制作されるものとしてとらえ、この歴史の制作という行為について考察しようとする」（浜 2000:4）社会学の立場のことである。浜はそこで特に場所と結びついた歴史の制作に注目し、アルヴァックスの集合的記憶論を「歴史をそれぞれの現在において集合的に再構成されるものとしてとらえるとともに、この再構成が空間的枠組のなかで行なわれることに注目する」（浜 2000:14）理論として解釈した。浜自身はこうした解釈に基づいて、博物館における過去の再構成の営みについて論じている（浜 2002）。

大野と浜によるアルヴァックス解釈は、「過去が現在の観点から再構成される」というアルヴァックスのテーゼに特に注目するものである。そしてそこから、過去の表象が再構成される営みやそこで再構成された表象を「集合的記憶」として捉え、その再構成の現場となる言説や空間を実証的に分析する道筋を開いた。確かに両者のアルヴァックス解釈は、きわめて難解なアルヴァックスの記憶論を平易にパラフレーズし、実証研究に応用可能な理論を提示した点で大きな意義がある。だがこうした構築主義的な解釈に対しては、次のような問題点を指摘することができるだろう。

第一に指摘できるのが、「集合的記憶」という概念における「集合性」の内実が理論的に突き詰められていないという点である。ある言説や空間における過去の表象を記述したからといって、その表象を「集合的記憶」と呼ぶのには理論的な飛躍がある。たとえば、教科書や歴史書における表象を集団内の成員全員が共有しているわけではないし、博物館における表象を成員全員が共有しているわけでもない。説明しなければならないのは、ある過去の表象が個々人の記憶ではなく「集合的記憶」とみなされる際に、どのような機制が働いているのかという点ではないだろうか。大野と浜のアルヴァックス解釈は、この点に関するアルヴァックスの議論を十分に展開しきれていない。

また第二に指摘できるのが、記憶における過去のリアリティ（実在性）の問題が理論的に突き詰められていない点である。「過去が現在の観点から再構成される」点を強調しすぎると、想起される過去に伴う独特のリアリティの内実を問えなくなってしまう。想起される過去が現在における再構成の影響を被るにしても、過去は現在に一方的に規定されているわけではない。現在における想起主体の意図を越えた機制によって、過去が独特のリアリティを帯びる面があるはずである。この点を説明しなければ、たんに再構成された過去の表象を記述するだけか、構築性の告発や虚構性の暴露を行うだけになってしまうだろう。

こうした理論的な問題が生じたのは、「集合的記憶」という概念があまりに単純化して理解されてきたためである。だが、アルヴァックスの集合的記憶論を精緻に読解し、その理論的可能性を吟味する研究は少ないのが現状である。フランスにおいても、多角的な観点からアルヴァックスの社会学を論じた論集が存在するが、必ずしも集合的記憶論が重点的に論じられているわけではない（Déloye et Haroche dir. 2004; Jaisson et Baudelot dir. 2007; Péquinot dir. 2007）。また、学説史の観点からアルヴァックスの集合的記憶論の全体像を網羅的に描いたアネット・ベッケル（Becker 2003）やジェラール・ナメル（Namer 1994, 1997, 2000）らの研究も存在するが、あくまで学史上の網羅的な整理に留まり、上記のような理論的な問題を設定して十分な検討が行われているとは言えない面がある。そのため、「集合的記憶」とは何なのか、社会学的に記憶を論じるとはどういうことなのかといった問いに十分に答えてくれる研究は、存外少ないのである。そこで本書では、これらの既存の研究とは異なる角度からアルヴァックスの記憶論を解釈することにしたい。

以下、本書の概要を述べておこう。アルヴァックスの集合的記憶論は、『記憶の社会的枠組み』（一九二五）（以下、『枠組み』と略記）、『聖地における福音書の伝説地誌』（一九四一）（以下、『伝説地誌』と略記）、『集合的記憶』（一九五〇）の三部作から成る。本書ではこれら三部作のうち、『枠組み』における前半部四章の理論的考察と、『集合的記憶』における歴史論・時間論・空間論に焦点を絞って論じることにする。

アルヴァックスは『枠組み』において、言語活動・時間・空間という枠組みと記憶の関係について考察した。アルヴァックスの言う「集合的記憶」の内実を理解するには、この枠組みという概念を十分に理解しなければならない。だが彼が『枠組み』において中心的に検討しているのは言語活動についてのみであり、時間・空間という枠組みが重点的に論じられるようになるのは晩年の『集合的記憶』においてである。そこで本書では、前半の一章と二章を『枠組み』の解釈に充て、後半の三章から五章を『集合的記憶』の解釈に充てることにした。このことによって、アルヴァックスの「集合的記憶」概念の全体像を、その変化も含めて論じることが目的である。

また本書では、適宜アルヴァックス以外の議論についても重点的に検討を行い、それぞれの章の中に組み込んでいる。このような構成をとったのは、本書の目的がアルヴァックスの集合的記憶論の注釈を行うことに留まらず、新たな記憶の社会学理論を構築することにあるからだ。そのため、言語・時間・空間といった社会学以外の分野でも議論の蓄積のあるテーマに関しては、アルヴァックス解釈や記憶論と関連づける形で、他の議論についても重点的に解釈を行った。

以下、各章の構成について簡単に述べておこう。第一章と第二章で行うのは、『枠組み』前半部の理論部分についての検討である。『枠組み』の前半部においては、当時の心理学やベルクソンの記憶論を批判的に検討しながら、記憶の集合性が重点的に論じられている。「過去は現在の観点から再構成される」というテーゼが展開されているのも、この部分においてである。だがそこでの議論を、「現在において過去が言語によって再構成される」と単純化してはならない。理論的に突き詰めるべきなのは、記憶と言語の関係と、過去の再構成の内実である。

第一章においてはまず、『枠組み』におけるアルヴァックスのベルクソン批判や言語論を検討する。また、言語という観点から記憶を考察する可能性と限界を探るために、アルヴァックス以外にも大森荘蔵や野家啓一らの言語論についても考察する。そして、これらの考察を経たうえで、浅野智彦や北田暁大らによる構築主義批判について検討し、構築主義のアポリアとそれを乗り越える可能性について検討していく。

第二章においては、構築主義的な記憶論にアルヴァックスを回収することはできないという立場から、「過去は現在の観点から再構成される」というアルヴァックスのテーゼを再検討する。ここで行うのは、『枠組み』第三章「過去の再構成」と第四章「記憶の位置づけ」の検討である。これらの章の検討を通して明らかになるのは、アルヴァックスの言う過去の再構成が、過去と現在とを往還する認識であり、決して現在を特権的なものとみなす議論ではないという点である。本書ではこうした解釈に基づき、アルヴァックスを「現在主義」として解釈したルイス・コーザーの解釈への批判も行っている。また、アルヴァックスの枠組み論をさらに展開していくために、ジャン＝リュック・ジリボンの枠組み論を参照しながら、枠組みという観点からベルクソンやフロイトの議論とアルヴァックスの記憶論を接合する可能性についても論じている。

第三章からは、『集合的記憶』についての考察を行う。そこで着目したのが、『枠組み』において主に記銘・保持・想起という作用として捉えられていた記憶が、晩年の『集合的記憶』においては時間的存在として捉えられるようになったという議論の変化である。そこで、この変化の持つ意味、時間の観点から記憶を考察することの意味を明らかにするために、少し遠回りではあるが「記憶」という概念の含意を改めて問い直すことにした。そこでは、ポール・リクールの議論を参照しながらフランス語の mémoire（記憶作用）と souvenir（記憶）とが持つニュアンスの違いについて検討し、記憶作用と時間の密接なつながりを明らかにする。そして、松島恵介による自己と記憶の関係をめぐる議論について検討し、変化と持続という二重の時間性を統合する時間と、記憶作用が密接な関係を持つという解釈を提示する。これらの考察を踏まえたうえで、「連続した思考の流れ」としての「集合的記憶」を歴史と対比するアルヴァックスの議論について最後に検討していく。

第四章では、アルヴァックスの時間論をベルクソンとの対比によって検討し、アルヴァックスが時間を論じる際に空間という契機を重視していた点を確認する。だが、『集合的記憶』においては言語的な枠組みが時間と持つ関係については十分に論じられていないため、ジャン・ドレーと野家啓一の時間論の検討によって言語と時間が持つ関係についても考察を行う。そのことによって、構築主義的な記憶論の限界を言語論の側から乗り越える可能性を示すことも第四章の目的である。

第五章では、アルヴァックスの空間論の解釈を行う。そこでは、アルヴァックスが空間を物質性と象徴性という二重の観点から論じている点と、「場（milieu）」という空間概念についての検討を行う。また、デュルケームの「場」の概念を参照しながら、法・宗教・経済といった象徴的な原理によって道徳的な拘束力が成立（解体）することで、過去に対する負債感情が成立（解体）するという解釈を提示する。そしてこの解釈に基づき、デュルケームの道徳論・象徴論、アルヴァックスの宗教論、モースの贈与論などについて検討を行う。また、ピエール・ノラの『記憶の場』に見られる「場所の記憶」という主題をめぐるアポリアについての考察を行い、アルヴァックスのいう「場」を成立させるような「場所」のあり方を原理的に問う必要性について論じていく。

第一章　記憶・夢・言語

一　『枠組み』の問題設定

本章では、アルヴァックスの最初の記憶論である『枠組み』冒頭の第一章と第二章について検討していくことにしたい。まずは『枠組み』の目次を見てみよう。

序文
第一章　夢と記憶イメージ（Le rêve et les images-souvenirs）
第二章　言語活動と記憶作用（Le langage et la mémoire）
第三章　過去の再構成（La reconstruction du passé）
第四章　記憶の位置づけ（La localisation des souvenirs）
第五章　家族の集合的な記憶作用（La mémoire collective de la famille）
第六章　宗教の集合的な記憶作用（La mémoire collective religieuse）
第七章　社会階級とその伝統（Les classes sociales et leurs traditions）
結論

目次を一読しても分かるように、前半部の四章と後半部の三章ではかなり異なる議論が展開されている。第五章からの後半部では家族・宗教集団・社会階級といった社会集団が対象となっているのに対し、前半部では個人における記憶現象に焦点が当てられている。後半部の記述については、現代の社会学におけるいわゆる「集合的記憶論」にも馴染みやすい部分だと言えるだろう。だが、当時の哲学や心理学の知見を批判的に検討することによって記憶の社会性を論じようとする前半部は、その議論の難解さもあって、これまで十分に論じられてこなかった。アルヴァックスの記憶論を学説史的な観点から網羅的に論じたジェラール・ナメルの研究においても、この前半部には十分に焦点が当てられていない（Namer 2000:45–58）。本書第一章と第二章で焦点を当てるのは、この前半部における議論である。

　前半部の議論の目的は、心理学における記憶論の批判を通じて、記憶の社会学に固有の問題を浮かび上がらせることにある。アルヴァックスが当時の心理学を批判するのは、それが「孤立した存在として」（CS Ⅵ）[1]人間を扱っているからである。当時の心理学は、孤立した存在としての個人を設定し、もっぱら個人の脳という閉じられた物質を設定して記憶を論じる傾向があった。アルヴァックスの記憶論の出発点にある問題意識は、こうした当時の心理学の狭い人間観を抜け出すことにある。

　では、アルヴァックスはどのような観点から記憶を考察したのだろうか。ここでまず確認しておくべきは、われわれが通常「記憶」という言葉で語る事柄を、彼が「mémoire」と「souvenir」という二つの用語によって語っている点である。

　図式的に整理すれば、mémoire とは過去を souvenir として形象化する作用であり、souvenir は「思い出す（se souvenir）」という行為の局面で意識に現れてくる過去の表象である。アルヴァックスによれば、古典的な記憶理論において mémoire は、souvenir の獲得（acquisition）・保持（conservation）・想起（rappel）の三段階に分けられ、この三段階は脳という物質がたどる経過によって説明されてきた。あるいは、心的状態としての souvenir は、無意識的な状態で精神の中に存続しており、想起の際に再び意識的なものになる、と仮定されてきた（CS Ⅶ＝9–10）。このアルヴァックスの整理からも分かるように、アルヴァックスは mémoire を記憶の作用ないしは能力として、souvenir をその対象となる過去の表象として理解している。以上のことをふまえ、本書では mémoire に「記憶作用」ないし「記憶力」、souvenirに「記憶」という訳語をあて、特に注記のない限りアルヴァックス以外のフランス語文献の引用や解釈においてもこの区別を用いることにする。[2]

では、アルヴァックスは記憶作用に関する古典的な理論の何を批判したのだろうか。次のアルヴァックスの文章を見てみよう。

> 脳の中や自分だけが近づくことのできる心の片隅に、記憶の在り処や保存場所を探しても無駄である。なぜなら、記憶は外部から想起させられるからである。また、自分が所属する集団に関心を向け、少なくともしばらくの間はそれらの集団の思考様式を取り入れるのなら、絶えずそれらの集団から記憶を再構成する手段を受け取ることができるからである。……過去は自動的に保存されるのではなく、現在から出発して再構成されると思われるのだ。（CS Ⅵ－Ⅷ=8–10）

ここでは、二つのテーゼに集約される事柄が述べられている。まず、記憶作用は個体の中に閉じた現象ではなく、集合的な現象であるというテーゼ。そして、記憶作用において想起される記憶は、現在の観点から再構成されるというテーゼの二つである。記憶が現在の観点から再構成されるというテーゼについては、後に詳しく検討することにしよう。まず問題としたいのは、記憶作用が集合的な現象であるというテーゼである。

記憶作用が個体に閉じていないというのは、それを脳や個人の無意識に還元することができないということである。だが、記憶作用が集合的であるという時、「集合的」という言葉は何を意味しているのだろうか。それは、記憶作用の主体が集合的なものであるということ、つまり集団が記憶作用の主体であるということなのだろうか。あるいは、他者との何らかの社会的なコミュニケーションが介在することで記憶作用が成立する事態を指して、それが集合的であると語られているのだろうか。こうした点を熟慮しないまま「集合的記憶」という言葉のみを安易に使用すれば、それは安易なレトリックとして独り歩きするのみであり、記憶作用を説明したことにはならないだろう。

アルヴァックス自身は、記憶作用の集合性を「枠組み（cadre）」という概念によって説明している。記憶作用は、個体の中で完結する作用ではなく、他者と共有される言語活動・時間・空間といった枠組みによる影響を受けながら進展するものである。個々の人間は、外見上は独りきりで過去を想起しているように見える時でさえも、自らが属する集団の枠組みに依拠することで過去を想起しているのだ。ここから導き出されるのは、「個人は集団の視点に身を置いて想起する」（CS Ⅷ＝10）というテーゼである。アルヴァックスが「mémoire collective（集合的な記憶作用）」という言葉で述べようとしたのは、個人は集団の視点に基づいて過去を記銘・保持・想起するがゆえに、純粋に個人的な記憶作用を想定することは困難であり、記憶作用はつねに集合的なプロセスたらざるを得ないということなのだ。これは、記憶作用においては、外部と内部を判然と区別することが困難であるということを意味している。

このことを論証していくうえでアルヴァックスが注目するのは、夢と失語症という事例である。これらの事例は、「記憶作用の領域が狭められている最も特徴的な状態」（CS 79＝105）であり、枠組みは歪められ、変質させられ、部分的に破壊されている。そしてそのことが、記憶作用にも障害をもたらす。これらの事例が取り上げられているのは、「枠組みの外部では記憶作用が成立しない」（CS 79＝105）ことを論証するためである。以下では、夢と失語症の分析を通じて、アルヴァックスが記憶作用の社会性をどのように説明しているのかを検討していこう。

二　記憶作用と夢——アルヴァックスのベルクソン批判

アルヴァックスの記憶論の背景には、人間を孤立した存在として捉える心理学的な記憶論への批判があったことを思い起こしておこう。夢は、純粋に個人的な心理学によって、意識が社会から孤立した領域として対象にされることの多いものである。そしてそこでは、夢を一種の記憶現象として捉える考え方も広がっていた。それに対してアルヴァックスは、「夢はそれ自身を拠り所にしているにすぎない」(CS 39=58) と述べ、記憶作用と夢とを峻別しようとする。なぜなら、夢の中のイメージとは異なり、「われわれの記憶は、あらゆる他人の記憶と社会の記憶作用という大きな枠組みを拠り所にしている」(CS 39=58) からである。

このように夢は、社会的な枠組みの影響を逃れた状態だと考えられている。では、夢において枠組みはどのような変質を被っており、その変質によって記憶作用にどのような障害がもたらされるのだろうか。アルヴァックスは、心理学や精神分析における夢に関する記述をたどりながら、この問いについて検討している。

アルヴァックスは、この枠組みという観点から記憶の想起と忘却を説明している。彼によれば、言語活動・時間・空間という枠組みは、それぞれが独立しているわけではなく、「部分的に互いが交差し重なり合っている」(CS 279=365) という。そして、「より多くの枠組みと接触する地点に記憶が再び現れれば、記憶はいっそう豊かになる」(CS 278-9=365) という。これはつまり、複数の枠組みが相互に交差して重なり合うことで、「物語 (récit) を統合する世界観」(Namer 1994:328) が形成され、それに基づいて記憶が形成されていくということだ。この世界観は、関与する枠組みが多いほど複雑なものになり、それにつれて記憶も複雑な色彩を伴うものになる。人間の記憶がより複雑で色彩に富んでいるのは、他の動物にはない言語や時空間の多彩な枠組みを有しているからである。それに対し、「記憶作用の枠組みの消失や変形は、記憶の消失や変形をもたらす」(CS 98=139)。枠組みが消失・変形するということは、過去を記憶としてフレーミングして認識する作用に障害がもたらされるということであり、その結果として記憶は消失・変形を被ることになる。夢と失語症は、こうした障害の事例として言及されているのだ。

それでは、なぜ夢においては記憶作用に障害がもたらされるのだろうか。その第一の理由は、覚醒時と睡眠時では枠組みのあり方が大きく異なる点に求められている。睡眠時には、覚醒時において機能していた枠組みが弛緩し、変質してしまう。夢の中のイメージが首尾一貫性を欠き、ときには空想的なイメージまで含まれるのは、枠組みが変質することによって覚醒時とは異なる実在のフレーミングがなされているからである。夢のイメージは、社会的な枠組みによるフレーミングから離脱していく傾向があり、それが記憶作用に基づくものなのか、想像なのか、現在知覚している感覚に基づくものなのかを、夢を見ている主体は判断できない。それゆえ、夢の中のイメージは記憶とは峻別される。枠組みのあり方の差異によって、夢を見るという認識と、過去を思い出すという認識とは峻別される必要がある。これがアルヴァックスの考えだ。

そこでアルヴァックスが批判するのが、ベルクソンが『物質と記憶』において展開した記憶論である。ベルクソンは『物質と記憶』において、記憶力を二つの形式に区別した。その二つの形式とは、「自発的な記憶力（mémoire spontanée）」と「身体の記憶力（mémoire du corps）」である。アルヴァックスのベルクソン批判を見る前に、まずはこの二つの形式をめぐるベルクソンの議論を概観しておこう。

ベルクソンがこの二つの形式の違いを説明する際に持ち出すのは、朗読課題を暗誦するという事例である。ある人が朗読課題を暗誦するとしよう。課題が暗誦されるまでには何回もの朗読を行う必要があり、課題を暗記しうまく朗読ができるようになるまでには一定の時間が必要である。この過程においては、二種類の記憶が生まれる。朗読課題を暗誦するまでの各々の朗読についての記憶（たとえば、うまく朗読できず先生に怒られたという記憶）と、暗誦された朗読課題の内容という記憶である。そして、「自発的な記憶力」は前者を、「身体の記憶力」は後者を対象とするとされる。

では、「自発的な記憶力」と「身体の記憶力」の作用の仕方の違い、そこで対象となる記憶の違いとはどのようなものなのだろうか。二つの記憶力において対象となる記憶の違いは、心理学でいうエピソード記憶と意味記憶の違いにおおむね対応するといえるだろう。つまり、「自発的な記憶力」が過去の特定の時期の出来事を対象としたものなのに対し、「身体の記憶力」は、反復によって形成された習慣ないし知識としての記憶を対象としている。

ベルクソンはこの二つの記憶力のうち、「自発的な記憶力」の方を本質的なものと考えた。これは言葉の通り、人間に自然発生的に備わることになる記憶力であり、そこにおける記憶は、「日付を有し、したがって、繰り返されないことを本質としている」（MM 84=104）[3]という。そして、「自発的な記憶力」は、「われわれの日常生活のすべての出来事を、それが展開するにつれて、記憶イメージ（images-souvenirs）の形で記録する」（MM 86=106）記憶力だとされる。

それに対し、「身体の記憶力」は、反復によって身体習慣や知識を形成する。習慣や知識が形成されるには、さまざまな出来事が関与しているが、反復の結果形成された習慣や知識それ自体は、そこに関与した出来事を想起しなくても呼び出すことが可能になる。そのため、「身体の記憶力」における記憶は、「もはや表象ではなく、行動である」（MM 85=105）と述べられる。次のベルクソンの文章を見てみよう。

> ひとたび学習された課題は、その起源を明かしたり、それを過去に分類したりするようないかなる目印も帯びてはいない。歩いたり書いたりといった私の習慣と同じ資格で、私の現在の一部を成しているのだ。それは生きられ、いわば「行為されて」いるのであって、表象されているのではない。（MM 85=105）

「身体の記憶力」が想起する記憶は、記憶の本質となる「過去」という性質を帯びていない。それは習慣が発動されている現在の一部を成しており、不在の過去が再現前化する表象とは違い、行動と一体化している。この獲得された習慣が記憶と呼べるのは、それを過去に獲得したことを主体が覚えており、「自発的な記憶力」がそれを支えているからに過ぎない。「身体の記憶力」における記憶それ自体からは、記憶に固有の意味、その過去性が剥ぎ取られてしまっている。それゆえベルクソンは、「身体の記憶力」を「記憶力によって照らされた習慣」（MM 89=110 強調原文）とも呼び、記憶力としてより本質的なのは「自発的な記憶力」だと考えるのだ。

このベルクソンの考えの背景には、記憶力が身体という物質からは独立したものだという前提がある。生理学がそう考えるように、記憶力と身体は完全に同一視できるものではなく、記憶力は身体をはみ出している。身体はむしろ、記憶力というものを限定された形で作動させる否定的な枠組みとして機能する。これがベルクソンの考えだ。ベルクソンは、身体の役割について次のように述べている。

> 身体の役割は、記憶を貯蔵することではない。その役割は、有用な記憶——目的となる行為へと向けて、現在の状況を補完し明確にする記憶——を選択することである。このように、身体によって現実的な実効性を付与されることで、それらの記憶ははっきりと意識されるようになる。（MM 199=256）

一般的には、何かを身体習慣や知識として定着させること、ベルクソンの言う「身体の記憶力」がうまく作動することは、高い記憶力の証明と見なされている。だがベルクソンはそう考えない。身体（あるいは形成された身体習慣）は、実在の中から「現実的な実効性」のあるものだけを選択する枠組みに過ぎない。その証拠に、朗読課題を暗誦している瞬間には、それを暗誦するまでのさまざまなエピソードについての記憶は捨象されてしまっている。習慣を作動させる主体の意識は、現在に埋没しているか未来に向けられており、過去それ自体への志向は閉ざされている。そこに固有の意味の記憶はない。だから、人間にとって真に本質的な記憶力について論じるためには、出来事についての記憶が想起される記憶力、「自発的な記憶力」について語らなければならない。「身体の記憶力」をいかに高めるかという記憶術ではなく、「自発的な記憶力」という人間が本来もつ記憶力について語ること。ベルクソンの記憶論が目指しているのは、このことである。

そのためベルクソンは、「身体の記憶力」を、「自発的な記憶力」を制限・縮減するものとして否定的に捉えるのだ。社会生活にうまく適応していくうえでは、「身体の記憶力」の機能を向上させることは確かに有用である。だが「身体の記憶力」が発達するということは、そこに回収できない次元の記憶力、「自発的な記憶力」の力が縮減することにもなる。ベルクソンは子どもの記憶力を例に引き、二つの記憶力の関係性について以下のように論じている。

> 大部分の子どもにおいて自発的な記憶力が並はずれて発達しているのは、彼らがまだ自分の記憶力を自分の振る舞いと連帯させていなかったためである。子どもたちは普段、目下の印象をたどっており、彼らにおいて行動が想起の指示に従わないのと同様、逆に彼らの記憶も行動の必要性に制限されていない。子どもたちがより容易に記憶に留めるように思われるのは、彼らがあまり識別することなく覚えているからでしかない。それゆえ、知能（intelligence）が発達するにつれて記憶力が減退するように見えるのは、記憶が次第に行為とともに組織されていくためである。このように、意識的な記憶力は、洞察力において獲得するものを、延長において喪失する。意識的な記憶力は、最初は夢という記憶力の性向を有していたのだが、それは意識的な記憶力が現実に夢を見ていたからである。（MM 170–1＝220）

この引用では、「身体の記憶力」がたんに身体習慣を獲得する営みとしてだけではなく、広く社会的な規範・常識を身体へと刷り込んでいく営みとして捉えられている。だから、ここで「知能が発達」すると言われている事態は、社会的な常識・規範に適った行動が何かを学習していくという意味での発達であり、社会的な常識・規範に照らして何が必要・不要かを識別していく能力の発達である。子どもはその識別能力がまだ低いため、無差別に自らが知覚したイメージを記憶していく。それに対して識別能力の高い人間、つまり子どもに対する大人――あるいは、社会化された人間といってもよいだろう――は、「行動の必要性」に照らして重要な過去をうまく組織化し、有用な知識・習慣として現在の行動に役立てることができる。だがそれは、社会的に有用ではないとされた過去を忘れてしまうことでもある。ベルクソンはそれを、「洞察力において獲得するものを、延長において喪失する」と表現しており、「自発的な記憶力」の喪失とみなすのだ。

ここで重要となるのが、ベルクソンが「自発的な記憶力」と夢を結びつけている点である。先にも確認したように、夢はいわば社会的な枠組みから離脱していく営みである。だがベルクソンはそこに、社会的な規範やそれを習慣として刷り込まれた身体によって抑制された記憶力の解放を見て取り、夢と記憶力を深く結びつけるのだ。ベルクソンにとって社会は、記憶力を抑制する否定的な枠組みとして機能するに過ぎない。だから、社会から離脱していく夢は、社会によって抑制された記憶力を解放するものとして肯定的に言及されることになる。次のベルクソンの文章を見てみよう。

現在の行動の必要性によって抑制されているがゆえに、われわれの過去のほとんどすべてが隠されたままであるとすれば、ある種の夢想の生活にわれわれが身を置きなおそうとして、有効な行動から気を逸らす場合にはいつも、識閾を超える力が見出されることになるだろう。睡眠は、自然なものであれ人為的なものであれ、まさにこの種の離脱を引き起こしているのだ。(MM 171=220-1)

ベルクソンは、当時の神経科学の知見を参照しながら、夢想や夢遊状態において記憶力の「高揚」が数多く観察されている事実と、臨死体験における走馬灯の報告とに着目している。これらの事例では、忘れていたと思われる過去の記憶が、きわめて正確に再現される。ベルクソンはこれらの事例を、たんなるオカルト的な逸話として退けはしない。むしろベルクソンは、「身体の記憶力」という社会的な枠組みに拘束された記憶力から解放された、「識閾を超える力」をこれらの事例に見出している。先にも述べたように、身体やそれを規律化する社会は、ベルクソンにとっては記憶力を抑制する否定的な枠組みに過ぎない。そのため彼は、その否定的な枠組みから離脱していく夢を、人間の記憶力が本来もつ姿へと近づく理想的な形態と見なすのだ。次のベルクソンの文章を見てみよう。

ある記憶をより人格的な細部によって補完することは、この記憶に複数の記憶を機械的に並置することではない。それは、より大きく広がった意識平面に移動し、行動から夢の方向へと遠ざかっていくことである。(MM 272=344)

ベルクソンのこの文章を理解するためには、有名な逆円錐の図について言及せねばならない(MM 169=218)。

図の逆円錐SABは人間の心的な生であるとされ、底面ABは「純粋な記憶」の全体であるとされる。そして、底面ABから頂点Sの間には幾層もの意識平面が存在している。また、平面Pは現在という瞬間であり、そこに置かれた身体(これが頂点Sである)は、「純粋な記憶」という潜在的な過去から何を現実化するのかを選別する中

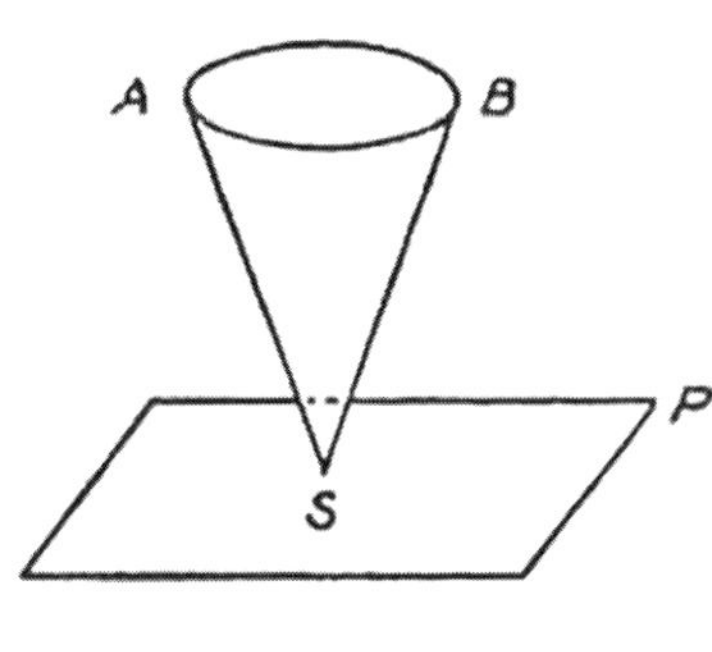

Fig. 4

心となる。そのため、頂点Sに近づくにつれて円錐の体積は縮減していく。底面ABと平面Pはあくまで理念的に設定された意識のあり方の極であり、この両極へ至る状態はそれぞれ「夢を見る人（un rêveur）」、「衝動的な人（un impulsif）」と呼ばれている（MM 170=219）。「夢を見る人」は、過去の中に生きていて、現在の行動からは意識が逸らされている。それに対し「衝動的な人」は、下等生物のように刺激に対して直接的に反応するのみで、現在の知覚に囚われた存在である。

これら二つの類型は、あくまで記憶力がそれぞれの極限状態に至った場合をモデル化したものであり、通常の人間はこの両極を行き来する「行動の人（homme d' action）」（MM 170=219）である。人間は、現在の知覚に対応するために「衝動的な人」に近づくこともあるが、時に現在の必要性から解放されて「夢を見る人」へと近づき、過去の記憶の中でまどろむこともできるのだ。しかし、「夢を見る人」「行動の人」「衝動的な人」という三類型のうち、ベルクソンが大きな価値を与えているのは、明らかに「夢を見る人」に対してである。それは、先の引用からも明らかである。記憶を人格的な細部によって補完するためには、夢の方向へ向かわなければならない、とベルクソンは述べていた。ベルクソンの別の文章も見てみよう。

おそらく、自分の存在を生きる代わりに夢を見るような人間存在は、自分の過去の歴史の限りなく多くの細部を、あらゆる瞬間に自分の眼差しのもとに留めておくだろう。反対に、それが生み出す全てのものと一緒にこの記憶力を捨てる人は、自分の存在を実際に表象する代わりに、絶えず演じるだろう。この人は意識を持つ自動機械であり、刺激を適切な反応へと引き継ぐ有益な習慣の傾向に従うだろう。夢を見る人は、個別的・個体的なものから決して抜け出さないだろう。その人は、各々のイメージに時間内の日付と空間内の居場所とを残している。だから、イメージが他のイメージとどこが類似しているかではなく、どこが異なっているのかに気づくのだろう。それとは反対に、演じる人は、いつも習慣によって支えられている。だから、ある状況の中に、以前の状況に実際に類似している側面だけを見分けるのだろう。(MM 172-3=221-2 強調原文)

この引用からも明らかだろう。ベルクソンは、社会から離脱していく夢の方向に、記憶力の完全な姿を求めているのだ。それは、「われわれの心的生を可能な限り単純化したものに対応する点S」(MM 185=237)、「われわれの過ぎ去った生活の全ての出来事がその最小部分まで描かれている記憶力の底面AB」(MM 186=239)という対比からも明らかである。ベルクソンは、記憶力にとって社会が本質的な要素だとは考えていない。「社会の本質的な目的は、普遍的な動性の中に一定の固定性を挿入することである」(Bergson [1938]1993:89=2013:112)と述べられているように、彼にとって社会は記憶力を抑制する否定的な枠組みなのである。そのためベルクソンの記憶論においては、記憶力と社会との関係は主要なテーマとはならず、社会から離脱していく夢に大きな関心が向けられている。

だが一方で、ベルクソンの記憶論が捉え損なっているのは――ベルクソン自身がそもそも捉えるつもりのなかった側面なのかもしれないが――、過去が出来事として形象化されて記憶となるには、社会というものの関与が不可欠であるという点である。ベルクソンの記憶論では、社会的な意味づけを抜きにして、出来事についての記憶が自然に形成されているという想定がなされており、アルヴァックスはこの点を強く批判している。

確かに、社会的な規範によって抑圧されたり隠されたりしてしまった過去の側面を発見するために、夢という側面から記憶力へとアプローチすることも重要である。それは、社会というものに回収できない、人間の記憶力の側面を明らかにしてくれるだろう。だがそれは、記憶力と社会の関係を正確に見定めたうえでなされるべきではないだろうか。そうでなければ、社会が「自発的な記憶力」をたんに縮減したり制限したりするという単純な図式で、記憶力と社会の関係を捉えてしまうことになりかねない。また、ともすれば、空想や想像として記憶力とは区別されるべき認識活動をも、記憶力と安易に混同することにもなりかねない。安易なベルクソン主義は、素朴な実在論や本質主義への後退でしかない。本書でアルヴァックスの記憶論を検討していく意義はここにある。

アルヴァックスの記憶論の特徴は、社会から離脱する夢と記憶作用をまずは峻別し、記憶作用と社会の関係を見定めようとする点にある。ともすれば夢と記憶作用を同一視する傾向のあるベルクソンの議論を、アルヴァックスが痛烈に批判するのもこのためだ。では、夢と区別される記憶作用の特質とはどのようなものなのだろうか。次のアルヴァックスの文章を見てみよう。

記憶の働き（opération de la mémoire）は、構成的かつ理性的な精神の活動を前提としており、この活動は眠っている時には不可能である。すなわち、自然にそして社会的に秩序立てられた一貫した場（milieu）――そこでわれわれは各瞬間に総体の平面と大方針を再認する――においてのみ、記憶の働きは行使されるのだ。自分しか証人がいない出来事の記憶や、内に秘められた思考や感情の記憶と同じように、すべての記憶が私的なもの（personnel）だと仮定してみよう。その場合でもすべての記憶は、自分以外の多くの人々が持つ想念の全体や、人々・集団・場所・日付・言語の形式、さらには推論および観念と釣り合っている。すなわち全ての記憶は、社会における物質的・道徳的生活すべてと釣り合っているのであり、その社会にわれわれは現在参加しているか、昔に参加していたのである。（CS 38=56-7）

次の文章も見てみよう。

夢の中の一連のイメージが厳密な意味での記憶を含まないのは、思い出すためには推論と比較が可能でなければならないからである。また、自分の記憶力の正確さを保証しうる人間の社会と関係していると、感じることができなければならないからである。われわれが眠っている時には、これらすべての条件は明らかに満たされていない。（CS 21-2=36-7）

アルヴァックスは、記憶作用を「構成的かつ理性的な精神の活動」だと述べ、思い出すのには推論と比較が必要であると述べている。過去が記憶として認識されるためには、それが特定の時間・空間という枠組みの中に位置づけられるものであることが認識され、現在の知覚とは区別される実在として認識されねばならない。夢という認識活動には、このような認識を可能とする推論や比較が含まれていない。それは、推論や比較を可能にする覚醒時の時間と空間という枠組みの影響を、夢が逃れているためである。そのため、覚醒時の精神は「集団によって練り上げられた観念の調和によって支配・規律化された精神」（CS 53=79）と呼ばれ、「集団の影響力から瞬間的・部分的に解放された精神」（CS 53=79）である睡眠時の精神とは区別されるのである。

だが一方でアルヴァックスは、「集合意識は、弱まり破壊されてもまだ認識できるということを、夢という孤立した状況の中にまで見出すことができる」（CS 53=79）とも述べている。それは夢においても、言語活動という枠組みは機能しており、夢の中におけるイメージにも意味作用を帰すことが可能だからだ。では、言語活動という枠組みは記憶作用とどのように関係し、その枠組みが機能しないことでどのような障害がもたらされるのであろうか。次はこの点についてのアルヴァックスの議論を検討していくことにしよう。

三　言語活動という枠組み――失語症という事例

言語活動という枠組みについて、アルヴァックスは次のように述べている。

> 思い出す時にわれわれが出発するのは、現在から、自分の理解がつねに及ぶ範囲にある一般的観念の体系から、社会によって採用された言語活動や指標からである。すなわち、社会がわれわれの気質に合ったものにしたあらゆる表現手段から出発して、われわれは想起するのだ。（CS 25=41）

過去を想起することは、個体の脳の中に保存された物質的情報を取り出すことではない。それは現在において過去を再構成することであり、再構成を支える枠組みとして言語活動が機能している。だが、枠組みとしての言語活動は、それぞれの主体が任意に利用できる機械的な道具のようなものではない。「言語活動はたんなる思考の道具

(instrument)ではなく、われわれの知的機能の全体を条件づけている」(CS 68=94)のだ。それゆえ、物質とは別の次元で人間の認識を条件づける言語活動は、「社会的事実」として考察されねばならない。それは生理学的な言葉では記述できない性質のものだ。アルヴァックスは、言語学者アントワーヌ・メイエの次のような文章を引用している(CS 68=95)。

> 言語活動(langage)は、すぐれて社会的事実である。実際にそれはデュルケームの定義と正確に合致する。言語(langue)は、それを話す個々人とは独立に存在する。また、個々人全体の外部では何の実在性も持たないにもかかわらず、言語はその一般性からして個々人に対して外在するものなのである。このことが示しているのは、言語の変化は個々人に依存しないということと、その使用における個人的な逸脱は一つの反応だということである。(Meillet, *Linguistique historique et linguistique générale*, 1921, p.230)

この文章を引用した後で、「失語症の本質は、この種の逸脱の総体のうちに存している」(CS 68=95)とアルヴァックスは述べる。アルヴァックスは失語症を言語活動からの逸脱として捉え、その逸脱が記憶作用にも障害をもたらすと考えているのだ。それは記憶作用が、何よりも言語活動という枠組みと密接に関わっているからである。では、どのようなかたちで、言語活動は記憶作用と関わっているのであろうか。アルヴァックスは次のように述べている。

> 社会に生きる人間は、その意味を理解している言葉を使用する。これが集合的思考の条件である。ところが、一つ一つの(理解された)言葉には記憶が伴うし、言葉と対応させられないような記憶は存在しない。われわれは自分の記憶

を想起するより前に、それらについて話している。各瞬間にわれわれが自分の過去を再構成することを可能にしているのは、言語活動と社会的な慣習（conventions）の体系全体であるが、これら二つは互いに関連し合っているのだ。（CS 279=365）

記憶は、知覚されたイメージがそのまま脳に物質的情報として保存されたものではない。そもそも知覚自体が、感覚された情報をそのまま物質的情報として受け取るという類の認識ではない。アルヴァックスによれば、「集団の成員がある対象を知覚する場合には、対象に名前を与えてカテゴリーの中に分類している」（CS 274=360）という。このことが意味するのは、「その人は集団の慣習に従っており、慣習が他人の思考やその人の思考を満たしている」（CS 274=360）ということである。つまり、言語に代表される慣習に従うことで、人は他人が見るような視点で実在を知覚するようになるのだ。たとえば、雨が降っている光景を見ても、それをさまざまな語彙で表現することのできる人々とそうでない人々の間では、知覚している世界は異なるだろう。ある言葉で雨を記述することを身につけた人は、その言葉の観点から世界を見ることになる。言語活動のあり方自体が、世界の認識のあり方と連動しているのだ。そのため、意識的であろうとなかろうと、「人は対象を見ると同時に、他人が対象をどう見るのかを想像している」（CS 274=360）ことになる。

だから、仮に知覚された光景がそのまま再生されるものとして想起を捉えたとしても、言語活動という枠組みの影響を無視することはできない。だがそもそも、知覚と想起とが異質な認識である点に注意が必要である。想起は、かつて知覚された過去の光景の再生や繰り返しではない。それは、「かつて知覚された」という意味を伴った、知覚とは別種の認識である。確かに、「かつて知覚された」という意味を伴っている以上、想起は知覚とまったく無関係というわけではない。だが、そこで認識されるものは、知覚とは別種の、記憶という実在である。記憶はかつての知覚と深く結びついているが、かつての知覚がそのまま再現されたものではない。それゆえ、知覚と記憶がどのような点で区別されるのか、そしてその区別を可能にするうえで言語活動がいかなる役割を有しているのかを考察する必要があるのだ。

アルヴァックスが過去を「現在から出発して再構成される」（CS Ⅷ =10）ものだと述べたように、想起が行われるのは現在においてであり、その点では知覚と想起に差異はない。だが、知覚されたものが現在に属するものとして認識されるのに対し、想起された記憶は、過去に属するものとして認識される。つまり、過去と現在という時間様相の区別が、記憶と知覚を区別する指標なのだ。どちらも現在において認識されるものであるが、知覚されるものが現在において感覚的に認識されることで現在に振り分けられるのに対して、記憶は感覚的に知覚できないものとして過去に振り分けられる。記憶は、感覚的に現前しておらず知覚できないという点で、知覚されるものとは区別される。にもかかわらず、それは過去という実在として認識され、夢や妄想とは区別されたリアリティを持つ。このような事態はなぜ生じるのだろうか。

知覚のリアリティは、身体感覚によって担保されている。たとえば、痛みの知覚は、今まさに私が身体によって感じているものであり、その感覚が知覚のリアリティを担保する。そこで感じられているのは印象（impression）であり、主体は感覚刺激の中に巻き込まれている。それは「今現在」に属する実在である。それに対して、想起される記憶を印象と同一視することはできない。記憶は、現在知覚しているものとは異なる実在である。にもかかわらず、それは現在において独特のリアリティを有している。知覚されるもののように現前していないにもかかわらず、それは現在において表象される（再び現前させられる）ことで認識されているのである。つまり想起される記憶は、主体が今現在の知覚という形で巻き込まれている印象ではなく、表現（expression）であり、それは知覚的な印象から抜け出ることによって可能になる。たとえば、楽しいパーティの席で過去の悲しい記憶が想起されて悲しみに襲われ、知覚的な印象から意識が離脱してしまうといった場合を考えればよい。そこでの悲しみの記憶が持つリアリティは、知覚的な場面の印象には還元できない。言語活動は、印象から抜け出た表現としての記憶を成立させる枠組みなのである。アルヴァックスの次の文章も見てみよう。

話している人間の意識内で前景化しているのは、その人の発話の意味ではないだろうか。……口に出された一連の言葉の背後には、理解（compréhension）という一連の行為がある。これらの行為はいずれもが心的な事実である。これらの事実がまさに社会の存在を前提としているがゆえに、個人に留まる心理学的な分析は、これらの事実を考慮していないのだ。（CS 276-7=362）

ここで重要となるのは、記憶には「理解（compréhension）」が伴うということである。印象の場合は、必ずしも理解は必要ではない。つまり、印象はそこに意味が生じなくても、主体が感覚的にそこに巻き込まれていれば成立する。だが、記憶の場合は、少なくともそれが過去に属するものであると認識されねばならない。記憶の中には、過去性とでも言える、現在の印象とは異なる意味が含まれているのだ。また記憶は、想起をしている現在の私と密接に関わりあうものとして認識される。こうした関わりが認識されなければ、過去を想起する際に悔しさや喜びといった感情を感じることもないだろう。過去の記憶は、現在とは異なる実在として意味づけられながらも、現在と密接な関わりを持つという点で、意味が必ずしも伴わない印象やイメージとは区別される。そしてこの意味を形作るのが、言語活動なのである。

ここで、想起される記憶が、出来事として想起されていることに着目しておく必要があるだろう。出来事として想起される記憶は、ふとした折に漠然と浮かぶイメージ——それは、果たして過去の記憶なのか、想像上のイメージなのか、錯乱した意識が見せる幻覚なのか、定かではない――とは異なっている。では、漠然としたイメージに過去としての性格を与え、記憶として想起することを可能にするものとは何だろうか。それが言語活動である。言語活動は、漠然としたイメージをフレーミングすることで、意味を帯びた実在として過去の記憶が立ち現れることを可能にするのだ。そしてそのことによって、身体感覚によって感じている印象とは異なる実在性が、記憶に付与されることになる。その意味で、記憶は印象（impression）ではなく、意味を伴う表現（expression）なのだ。つまり記憶は、知覚される映像的なイメージのみに還元されるものではなく、観念的な意味づけが加えられた実在である。われわれが過去に認識した対象や出来事が、どのように精神の中で位置づけられていくのかについて、アルヴァックスは次のように述べている。

> 対象と出来事は、二通りの方法でわれわれの精神の中に並べられている。第一の方法は、それらが現れた時間的な順序に従う方法である。第二の方法は、人々が与える名前や、集団内で人々が割り当てる意味に従う方法である。つまり、対象と出来事の一つ一つに、観念（idée）であると同時にイメージでもある想念（notion）が対応しているのだ。（CS 282=368）

われわれは何かを覚えたり思い出したりする時、まずはそれが起こった時間的な順序に従って記憶したり思い出したりする。だがここで重要なのは、もう一方の方法である。それは、「人々が与える名前や、集団内で人々が割り当てる意味に従う方法」とアルヴァックスが呼ぶ方法である。これはつまり、観念的な意味の秩序に従って、対象や出来事の記憶が形象化されていくということだ。もちろん記憶は、身体的な知覚イメージにも基づいている。そのため、「対象と出来事の一つ一つに、観念であると同時にイメージでもある想念が対応している」と述べられている。記憶とは、純粋に観念的な、言葉の上だけの実在でもないし、知覚されるイメージにのみ還元される実在でもない。それは、観念とイメージの入り混じった実在である。そのため、観念から引き離された記憶は、記憶とは言えないものとなる。アルヴァックスの次の文章を見てみよう。

純粋に個人的な意識の状態の典型とは、どのようなものなのだろうか。それはイメージである。言葉から引き離されたイメージ、個人に（個人だけに）結びつく限りでのイメージである。それが個人そして個人だけに関係あるものとしてのイメージである。すなわち、一般的な意味作用（significations générales）や対人関係や観念といったあらゆる環境（entourage）（最初から除外すると決められていた社会的な要素のすべて）を捨象したものである。（CS 276=361–2）

言語活動という枠組みを欠いた時、われわれに認識できるのは漠然としたイメージでしかない。そのイメージは、現在と区別される過去という性質を持たず、それが現在へと結びつく過去の記憶であるのかどうかは定かではない。自身の体験した過去の光景が含まれる場合もあるだろうが、それがたんなる想像や妄想、錯覚などと区別されるのかを主体は判断できない。なぜなら、それを判断するための言語活動という指標を主体は欠き、他者とのコミュニケーションによってその真偽を判断することもできないからだ。そのイメージは、個体の中に閉じ込められた漠然としたイメージのままである。アルヴァックスは、「他人との接触やコミュニケーションをしなくなるにつれて、人はあまり思い出せなくなっていく」（CS 64=90–1）と述べている。つまり、言語活動という枠組みとの接触が少なくなるにつれて、過去を記憶として形象化し想起することができなくなるという事態がもたらされるのだ。

こうした事態を象徴するのが、失語症という事例である。失語症は、言語活動という枠組みに変調をきたした状態である。アルヴァックスは失語症患者について、次のように述べている。

失語症患者は、他者から理解されるよう努め、自分も他者を理解しようとする。まるで、外国にいてもその国の言語は話せず、それなのにその国の歴史は知っていて、自分の国の歴史も忘れてはいない人のようなものだ。しかし、失語症患者には日常の想念の多くが欠けている。より正確にいえば、患者がもはやその意味を理解できない慣習（conventions）が存在するのだ。失語症患者は慣習の存在は知っているのだが、それに合わせて行動しようとしても失敗してしまう。言葉を聞いても読んでも、理解できるという感じがしないのだ。目の前に次々と対象のイメージが現れてきても、失語症患者がそれらに名前をつける（性質や役割を認識する）ことはない。いくつかの状況において、もはや失語症患者は自分の思考を他者の思考と同一視できず、身振り・事物についての想念や図式や象徴といった、社会的な表象がとる形式には到達できない。いくつかの細かい点において、失語症患者の思考と集合的な記憶作用との接触は断ち切られてしまっているのだ。（CS 80=106-7）

アルヴァックスの時代の心理学においては、失語症はふつう、器質的な損傷による記憶障害と結びつけられていた。つまり、特定の記憶や習慣を想起できないのは、脳の器質的な損傷によってそこに保存された記憶も損傷したからだと考えられていた。それに対してアルヴァックスは、「失語症患者に欠けているのは、記憶であるというよりも、記憶を枠組みの中に位置づける能力（pouvoir）である」（CS 76=102）と述べる。つまり、失語症患者は、イメージを記憶へと形象化する慣習との接触を欠いているがゆえに、漠然とした形でのイメージしか思い浮かべることができないのだ。「外国にいて、その国の言語は話せないのだが、その国の歴史は知っているし、自分の国の歴史も忘れてはいない」という喩えは、失語症患者のこうした宙吊りの状態を表現したものだ。失語症とは、たんなる器質的な障害に還元されるものではなく、慣習からの逸脱、慣習を体現する集団の言語的な枠組みからの逸脱なのである。

個人と集団の関係が深く変容することによって、知的な障害を説明できる。言い換えれば、社会に生きる正常な人間の精神には、イメージを解体・再編成して調整する機能がある。そして、この働きのおかげで人は、自分の経験や行為を、自らが属する集団の成員たちのそれと一致させることができる。この機能が不規則になり続け、弱まり消失していくような例外的なケースにおいて、人間は失語症であると言えるだろう。なぜなら、こうした混乱（人がもはや言葉を使用できないという混乱）において、失語症の症状は顕著であるからだ。(CS 69-70=96)

このように、言語活動という枠組みなくして記憶作用は成立しない。それを証明しているのが、言語活動の不調によってもたらされる記憶作用の不調、失語症という事例なのだ。では、夢と失語症という二つの事例を検討することで、アルヴァックスは何を明らかにしようとしたのだろうか。その点をこの節の最後にまとめておこう。彼が明らかにしようとしたのは、「慣習の二つの体系」(CS 82=108) の存在である。アルヴァックスによれば、「ふつうその二つの体系は、人間に同時に課されるものであり、また、互いに結びつくことで強化されうるのだが、別々に表現もされうる」(CS 82=108) のだという。夢と失語症という異なった事例を検討することでアルヴァックスが明らかにしようとしたのは、この二つの体系が持つ性質の違いである。次のアルヴァックスの文章を見てみよう。

測定できる持続と空間的な広がりを占めている複雑な出来事についての記憶を、夢を見ている人は再現できなくなっている。つまり、目覚めている人が思考の中でそれらの出来事の全体を把握できるようにしている慣習を、夢を見ている人は忘れてしまっている。その代わり夢を見ている人には、断片的なイメージを想起し、それらを再認する

（それらの意味作用（signification）を理解する）ことが可能である。すなわち、目覚めている人が対象を名づけ、名前によってそれらを区別できるようにしている慣習を、夢を見ている人も保持しているのだ。したがって、言葉の慣習（conventions verbales）が構成している集合的な記憶作用の枠組みは、最も基本的かつ安定的なものである。ただし、少しでも複雑な記憶はすべて見逃してしまい、われわれが抱く表象の孤立した細部や不連続な要素を保持するだけだという点で、それはかなり緩い枠組みなのである。（CS 82=108-9）

ここで述べられているのは、慣習の二つの体系がそれぞれ具体的にどのようなものかということである。一方の体系が意味しているのは、「目覚めている人が思考の中でそれらの出来事の全体を把握できるようにしている慣習」、すなわち目覚めている人が生きている時間・空間という枠組みのことである。夢を見ている人は、この慣習の次元から離脱しているがゆえに、「測定できる持続と空間的な広がりを占めている複雑な出来事についての記憶」を再現できなくなっているのだ。

では、もう一方の慣習の体系とはどのようなものだろうか。それは「目覚めている人が対象を名づけ、名前によってそれらを区別できるようにしている慣習」、すなわち「言葉の慣習」であり、言語活動という枠組みを指している。したがってアルヴァックスが「慣習の二つの体系」と呼んだのは、時間・空間の枠組みと言語活動の枠組みであり、前者の解体が夢に、後者の解体が失語症に対応するのである。

ここで着目すべきは、「言葉の慣習」（言語活動という枠組み）が「最も基本的かつ安定的なもの」だとされる一方で、「少しでも複雑な記憶はすべて見逃してしまい、われわれが抱く表象の孤立した細部や不連続な要素を保持するだけだという点で、それはかなり緩い枠組みなのである」という指摘がなされている点である。つまりアルヴァックス自身が、記憶作用における言語活動の重要性を強調する一方で、それが記憶作用のすべての次元を説明できるものではないことを認めているのだ。こうしたアルヴァックスの考えは、次の引用にも垣間見ることができる。アルヴァックスは、言語活動を介して過去が再構成されていることを論じた箇所で、次のようにも述べている。

しかし結局、この再構成は大まかなものでしかない。われわれが十分に感じていることなのだが、かつての印象には私的な要素(éléments personnels)があり、こうした方法ではこれらの私的な要素を喚起できない。印象の中には空白があり、かつての私的な意識生活に対して社会的な理解を適用する際の欠落は、この空白によって測られるのだ。(CS 25=41)

このように、言語活動という枠組みには、それに回収できない印象の「私的な要素」、記憶のきわめて私秘的な様相をうまく説明できない面がある。だがアルヴァックス自身は、この「私的な要素」を突き詰めて検討せず、言語活動という枠組みの持つ限界点を十分に探ろうとはしていない。それは先に引用した言語活動の限界を指摘する文章が、言語活動について論じた第二章の最後に置かれている点からも明らかである。それゆえ、ベルクソンの次のような言葉にも耳を傾ける必要があるだろう。

われわれには自分なりの愛し方や憎しみ方があり、愛や憎しみはその人の人格全体を反映している。それにもかかわらず、言語活動がこれらの状態を表現するのは、すべての人間において同じ言葉によってである。それゆえ言語活動は、魂を揺さぶる愛や憎しみや幾多の感情について、客観的で非人格的な相しか定着させることができないのだ。(Bergson［1889］2007:123=2002:184)

ただし、言語活動という枠組みの不完全さを指摘するだけでは不十分である。ベルクソンのいう「魂を揺さぶる愛や憎しみや幾多の感情」も、言語活動という枠組みによって定着されるものとの対比によって、その重要性や特質が認識されるものであるからだ。「語りえないもの」という次元は、言語的な枠組みの中にあるものと別次元に属しているわけではなく、むしろ言語的な枠づけの残余として、われわれに認識されるものである。つまり、「語られるもの」と「語られないもの」は、もう一方の存在によってその性格を明らかにする性質のものである。だから、言語的な次元と非言語的な次元を実体的に分断して一方のみを本質的なものとして称揚するのではなく、言語というものの性質を深く考察することによって、両者の関係を見定めなければならない。これは、記憶作用における社会的な枠組みを超える次元を見定めるうえでも重要な視点であろう。そこで以下では、アルヴァックス以外の議論も参照しながら、言語という観点から記憶作用を考察することの可能性と限界についてさらに考察していくことにしよう。

四 記憶作用と言語——大森荘蔵の言語制作説をめぐって

過去を想起するという現象を、言語という観点から徹底的に考えた哲学者が大森荘蔵である。大森の議論の骨子は、「過去とは経験を超越した何か実体的なものではなく、言語制作物である」（大森 1999:9）という点にある。この大森の立場は、「言語制作説」と呼ばれている。以下では、この大森の議論について検討してみよう。

大森の言語制作説の根底には、記憶の本質を「像」ではなく「命題」として捉えるという発想がある。大森は、記憶を過去の出来事や人々の「写し」であるとみなす考え方に疑問を呈している。大森によれば、この「写し」という考え方は、「写真」の比喩を下敷きにした言い回し、たとえば「記憶に焼き付いている」といった表現に見られるように、人々の心に深く根づいたものだという。それは、心理学のような学問分野においても、記憶心像（イメージ）や記憶痕跡（エングラム）といった表現が使われることからも窺える。だが大森は、想起される過去を知覚の写しとして捉えるこうした考え方を批判している。それは、こうした考え方は往々にして、過去の写しとしての痕跡や像を、脳という物質内の痕跡と同一視してしまうからだ。大森は、「思い出す」ことと「知覚する」ことは根本的に別物であると考え、知覚の再生として想起を捉える考え方を否定する。

> 記憶に浮かんだ風景は眼に見える映像ではないのである。眼でここあそこと見つめることのできる映像ではないのである。残像だとか幻だとか、あるいはイエンシュの言う直観像（アイデティク）はその種の映像であるが、記憶に思い浮かべられた風景はそうではない。それは記憶の中の音が今耳に聞こえる音ではないのと同様である。また、昨日の激しい歯の痛みは今なお生生しく思い出されるにせよ幸いなことに今は少しも痛くないのと同様である。痛みの記憶は痛くなく、悲しみの記憶は悲しくはない（その記憶でまた新たな悲しみが誘発されない限りは）。御馳走の記憶で舌鼓をうつことはできないし、快楽の記憶が快楽であるわけではない。それと同様に、思い出された旋律は今耳で聞こえるものではなく、思い出された風景は今眼に見えるものではないのである。（大森 1981:20-1 強調原文）

では大森は、知覚と区別される想起に特有の性質を、どのように考えていたのだろうか。大森は、知覚映像そのものを再生するという考え方とは別に、その痕跡や影が記憶に現れていると想定した場合についても検討している。大森によれば、われわれが過去を想起するのは、その知覚映像の痕跡があるからではないという。大森自身の説明を見てみよう。

例えば今私の記憶にあらわれているのは東京駅そのものではなく東京駅の影、東京駅の痕跡だとしてみよう。ここで大切なのは、この場合私は何ものの影ともわからぬ姿を思い浮かべているのではなく、まさに東京駅の痕跡があらわれていることである。それがたとえ痕跡であろうともその痕跡は東京駅の痕跡として思い浮かべられているのである。だとすれば、「東京駅の痕跡」というときの「東京駅」は東京駅自体でなければならない。さもないと、東京駅の痕跡の痕跡の痕跡の……といったことになってしまうからである。だがそうならば私の思い出の中にはすでに痕跡ならざる東京駅自体があらわれているではないか。そうならば東京駅を思い出すのに今さら東京駅の痕跡などは不必要ではないか。

（大森 1981:22 強調原文）

大森はまた、次のような説明を行っている。

この事情を普通の写真の場合から説明してみよう。ここにAさんの写真がある。それが「Aさんの写真」であることを私が承知しているためには私は写真ではないAさん自身を知っておらねばならない。それと同時に、ある記憶痕跡が「何々の痕跡」だと承知しているならばそれはすでにその「何々」を承知していることである。そしてその「何々」自体をすでに承知しているのであれば、それを承知するために今さらその「痕跡」を必要としないのである。だから私が東京駅を思い出しているとき、私は東京駅の痕跡を通じて東京駅を思い出しているのではない。私は東京駅それ自身をじかに思い出しているのである。（大森 1981:22-3 強調原文）

大森の考えでは、現在に残された痕跡を媒介に過去を想起するというのは、事態を見誤っているという。実際には、痕跡の存在が基盤となって想起が成立しているわけではない。あるものを痕跡として認識しているということは、現在における知覚映像のみを認識していることではないのだ。痕跡の認識は、それが何らかの過去の痕跡であることを承知していることを意味している。つまり、痕跡を認識する前提として、その痕跡の背後にある過去存在への認識が成立していることになる。そのため、痕跡がないとしても、過去存在への認識が成立しているならば、想起は成立する。こうした事態を、大森は「それ自身をじかに思い出している」と表現しているのだ。だが、じかに想起されているのが知覚映像やその写しでないとしたら、人は何を想起しているのだろうか。

ここで重要になるのが、大森による「知覚的な立ち現われ」と「想起的な立ち現われ」との区別である。「想起的な立ち現われ」は、感覚される知覚映像とは異なる実在性を持っている。それは、「考える」という仕方で現れることのできる実在性である（大森 1981:59）。だが、たんに思考という形式で現象するのであれば、それは想像や意図といった他の認識とは区別できない。そこで大森は、想起においては、「痛かった」「暑かった」という「過去形の様式」（大森 1981:267）で過去が立ち現われることに着目している。つまり、「想起は知覚・行動の再生経験ではなくして過去形の知覚・行動の経験なのである」（大森 1992:47 強調原文）と考えるのだ。大森は、「想起においで立ち現われる過去は再生という二次的出現ではなく、その過去のオリジナルの初体験だということになる」（大森 1992:126）とまで述べている。次の大森の文章も見てみよう。

過去の経験であることを告げ、また過去形をもつ文に意味を与えるのは想起なのである。知覚の体験が「……である」「……をする」という現在形の意味を与えるように、想起の体験が「……であった」「……した」という過去形の意味を与える。「火が燃える」とはどういうことなのか、私はそれを見ること触れることつまり知覚する経験から知っている。だが「火が燃えた」とはどういうことなのか、私はただそれを想起することからのみ教えられる。想起の体験がなければ私は「火が燃えた」ことの意味を終生知らないだろう。過去形の意味は現在形の意味をどう変形しどう外挿しようとも理解できない。ただ現在形に対応する知覚経験を想起する、その中でのみ理解できるのである。（大森 1992:31）

大森が「過去の経験」ではなく「過去形の経験」という表現を用いるのは、「現在形の経験との同格的並列性が鮮やかになって、想起が現在形経験の再生であるという抜き難い先入主をいくらかでも弱めうるから」（大森 1992:47-8）だという。知覚も想起も、ともに現在における経験である。だがそれらは、「現在形」と「過去形」という形で、経験の様式が異なっている。この様式の違いが言語によってもたらされるというのが、大森の議論の骨子である。大森は、「想起の大部分は感覚的であるよりは言語的なのである」（大森 1992:53）、「想起は概して文章的であり物語的なのである」（大森 1992:54）といった形で、想起を言語と密接に結びつけて定義している。ただしこの結びつきを、知覚映像を言語的に描写・叙述したものが想起であると捉えてはならない。それでは結局、想起は知覚の写しに過ぎないことになるからだ。想起は知覚とはあくまで別種の経験様式である。大森は次のように述べる。

これらの想起された文章や物語は想起された経験の描写や叙述ではない。その文章や物語、それが想起された当のものなのであって、想起された経験の言語的表現ではないのである。その点で想起は記録や報告にではなく詩作に似ている。歌や俳句を作るとは、まず何か詩想とでもいうべき言語以前のものがあってその詩想の言語的表現を探索するのではなくて、歌や句の言葉自体を作ることだろう。それと同様、何か言語以前の過去経験を想起し、ついでその想起されている経験の言語表現をするというのではなくて、過去形の文章または物語それ自身が想起される当のものなのである。

> ある場合には想起とはそのような文章や物語の制作であり、その点でさらに作歌や発句に似ているといえる。想起することが一つの努力を要する作業であるのもそのゆえである。かりに言語以前の過去経験があるとしてもそれは形を持たない模糊とした不定形（アモルファス）な経験である。それは確定され確認された形を持たない未発の経験でしかあるまい。それが確定された形を備えた過去形の経験になるためには言葉に成ることが必要なのである。そして言葉に成り過去形の経験に成ること、それが想起なのである。逆に言えば、想起される、言語的に想起される、ということによって過去形の経験が成るのであり制作されるのである。（大森 1992:54 強調原文）

こうした大森の立場は、「言語制作説」と呼ばれている。大森は想起を、感覚的な認識である知覚と徹底的に切り離すことを試みている。そこで大森が着目するのが、想起には「過去形」という言語的な了解が深く結びついている点である。過去の意味は、「動詞の過去形の意味として了解される」（大森 1992:102）。そして言語が若干の固有名詞の他は一般概念を意味していること、つまりイデアを意味していることから、大森は「個物了解」である知覚と対照させて、「イデア的了解」として想起を理解する（大森 1992:102）。大森にとって想起とは、感覚的・身体的な知覚とは別種の、言語的な次元での経験なのである。

では、大森のように想起を徹底的に言語の側から考察していった時、どのような結論がもたらされるのだろうか。それは、想起される過去の本質は、「像」ではなく「命題」にあるという結論である。大森の議論は、記憶現象と言語とを深く結びつけ、言語の意味が映像的浮遊だという見解に疑義を呈することを目的としている。そこで大森は、自らの着想の基になったウィトゲンシュタインの言語ゲーム論を、「言語の意味、そして過去想起から一切の映像を断絶する試み」（大森 1992:112）と評価している。大森のこうした立場は、知覚と想起とを先鋭に対立させる彼の議論からも明らかだろう。大森は、「過去記述は言語による記述であって非映像的、非知覚的であり、高々その記述の挿絵として映像が働くにすぎない」（大森 1992:112）と述べている。

記憶現象における映像は二次的なものに過ぎない。これが大森の立場である。大森の考えでは、言語があるからこそ記憶が成立するのであり、知覚映像によって記憶が成立しているのではない。大森によれば、「過去記述や過去形の意味の理解はただ過去についての会話の中でのみ学習されるのであって、そこにたまたま浮遊映像があるにせよ、それの役割は補助的な挿絵なのである」（大森 1992:113）。大森のこの徹底した立場は、想起から離れて過去の知覚が保存されているという素朴な実在観への批判を含意している。

だが大森は、過去の実在性というものを真っ向から否定しているわけではない。想起する人間から超越した何か実体的なものとして過去が保存されているという考え方、脳内における物質的痕跡と過去を同一視する素朴な考え方を、大森は批判しているだけだ。そうした考え方に対して大森は、過去は「想起される命題の言語的意味の中に実在する」（大森 1992:114）という考え方を提示した。大森の言語制作説の要諦は、人間の実在との関わりを、あくまでも徹底して言語という次元から捉えることにある。大森は過去の言語制作という自らのテーゼを敷衍して、以下のように述べている。


誤解を招く恐れがたっぷりあるが、過去とは言語的に制作されたものである、と言えるだろう。そして、その言語的制作にアリストテレスのポイエーシスの語を当てたいのである。想起は時に多大の辛苦を伴うが、それは詩作の苦しみと同じ性格のもの、制作の苦しみなのである。過去をこうして言語的制作とみる時、未来もまた同じく言語的制作と言わねばならない。それに止まらずおよそ知覚不可能な事態、例えば遠隔の地の現象とか分子原子レベルの現象、そしていうまでもなく想像上の事態等々。それに何にも増して数学の全域はすべて言語的制作なのである。それらはすべて非知覚的非感覚的な意味による制作であり、そのことこそプラトンがイデアと呼んだものに他ならないと私は考えたい。

また以上のような見方をすればこれまでとかく対立的に考えられてきた過去と未来を同質のものとみることも可能になる。（大森 1992:115）

大森の言語制作説は、知覚には還元できないさまざまな思考的経験を言語という観点から捉えようとするものである。だから言語制作説の射程は、過去の想起だけではなく、理論概念の認識や夢といったさまざまな領域へと及ぶことになる。大森は、「過去とは社会的に合作された言語的制作物なのであり、その点で自然科学の諸理論にそっくりなのである」（大森 1992:119）と指摘する。そして、「夢も過去も数学や物理学と共にイデア世界なのである」（大森 1992:127）という考えから、さまざまな思考経験を一括して言語制作の問題として捉えようとするのである。これは、過去命題や未来命題といったあらゆる命題を思考的意味という観点から捉えようとするものだ。その点で、大森の言語制作説は、ウィトゲンシュタインの言語ゲーム論と接近する。

過去と未来についての命題は思考的意味でなければ理解できない。……以上のような思考的意味の広大な領域を思わないではウィトゲンシュタインの近来有名な言語ゲームの本当の意義も理解できないはずである。言葉の意味として映像的な意味（イマージュ）しか考えられないソシュールをはじめとする言語学者の偏見から免れて、言語使用を意味とする見解に到達し、それを洗練したのが言語ゲーム論なのである。それ故に知覚的映像的意味とは相反する思考的意味を認めないでは言語ゲーム論は不可能であったと思われる。（大森 1992:211−2）

以上が大森の言語制作説の概要である。大森の議論は、素朴な脳機能局在説や、過去を実体的に措定する安易な議論から距離をとることを可能にしてくれる。だが彼の議論には、いくつかの難点が存在するのも事実である。たとえば、大森の言語制作説を批判的に継承しながら独自の歴史哲学を展開している野家啓一は、大森の言語制作説に見られる難点として以下の二点を挙げている（野家［2007］2016：105–6）。

第一に、想起が本質的に言語的であり、すべて「命題」の形で表現できると言い切れるのか、という疑問を提起しうる点である。想起における言語とイメージとの関係は相互媒介的であり、言語だけに回収できない。たとえば、顔は想起できるのに名前が出てこないといったケースがある。また、言語的な記憶以外にも、習慣や儀礼的行為、あるいは暴力に晒された恐怖のような「身体的記憶」と言うべきものも存在する。大森の言語制作説には、これらの身体的な次元の記憶を説明する視点が欠落している。

また第二の難点は、大森の議論は個人の想起体験を基盤にしており、過去の範囲が「体験的過去」に限られているという点である。大森の議論では、想起可能な「体験的過去」と体験不可能な「歴史的過去」とのつながりが明確ではなく、歴史哲学への回路が開かれていない。すっかり忘れてしまっていたことを、他人の問いかけをきっかけに想起するといったケースは、「物語り」という行為を媒介にしなければ説明できない。

上記の野家による二つの批判は、大森自身の議論に内在的に孕まれる欠点を指摘したものというよりは、外在的な視点から大森の議論の欠落を指摘したものである。野家自身は、第二の難点を補うべく、大森の言語制作説を歴史哲学に応用する議論を中心的に展開している。それゆえ、言語という観点から想起を捉えることに対する批判的な議論や、言語以外の観点（たとえば、身体という観点）から想起を問う可能性を、野家の議論から展開していくことは難しい。この点については、別途ほかの議論を参照する必要があるだろう[4]。

また、第二の難点についても、それは大森の言語制作説に対する根本的な批判とはなっていない。大森の議論は、過去が言語的な命題として想起されるということを指摘した議論であり、そもそも集団レベルで過去が想起され共有されるという事態についての考察は射程に入っていないからである。想起に言語が密接にかかわっているという問題と、集団レベルで過去が共有される事態の成立に言語が密接にかかわっているという問題とは、別々に論じられる必要がある。

むしろ大森の言語制作説に対して向けるべき批判は、言語制作として想起を捉えること自体に孕まれる困難を指摘するものでなければならない。大森の言語制作説の難点は、言語という観点から想起の問題を捉えることによって、ほかの認識と想起との違いが見えづらくなっている点にある。つまり、想起それ自体の独特の性質、想起される過去というものが帯びる独特の性質を、大森の言語制作説ではうまく捉えられないということだ。

また、過去から映像という性質を捨象し、徹底的に命題として捉える大森の議論は、意味記憶として現れる記号的な知識についてはうまく妥当しても、エピソード記憶として現れる出来事としての過去についてはうまく当てはまらないように思われる。出来事として想起される過去は、たんなる記号的な命題を超えた過剰な意味を含んでいる。だからこそ、過去を想起することでわれわれは独特の感情を抱くのではないか。知覚的な映像がそのまま再生されているというのは誤りだという大森の批判は妥当であるとしても、記号的な命題に想起を回収できるのだろうか。また、過去形の了解が想起に含まれることが妥当だとしても、意味記憶とエピソード記憶との違いが生じる理由は説明できていないのではないか。こうした問題に関連して、大森の言語制作説の難点を鋭く指摘しているのが大澤真幸である。大澤は、大森の議論を「徹底した構成主義」と呼び、次のように批判する。

> この徹底した構成主義に対する第一の疑問は、仮に過去が言語的に制作されたのだとしても、過去が帯びる独自の強力な現実性を、どのように説明するのかということである。想起だけではなく、予期や空想もまた、言語的な制作の営為であろう。だが、同じ言語的な制作の産物であるとしても、過去は、未来や空想とは異なる、言ってみれば高度な現実性を帯びてわれわれに迫ってくる。[5] 想起を模写の一種と見なしたくなる誘惑が生ずるのも、したがって空想や予期

と違い過去についての言明は「真偽」（真理値）を問題にしうると考えるのも、過去が、特異に高度な現実性を帯びるからである。過去形という言語の作用にこうなることの根拠を求める説明は、トートロジーにすぎない。過去のこうした特殊な性質を、言語の文法の力能のうちに投射しているだけだからだ。（大澤 2008:48）

大澤は、「想起は、言語的な制作であったとしても、（本来は不在の）その対象を、特異的に現実性＝実在性を帯びたものとして現出させる操作でなくてはならない」（大澤 2008:48）と指摘する。大澤によれば、「想起の対象が実在性を帯びるということは、『過去である』それが、たとえ直接の現れは異にするにせよ……――『現在』でもありえたものとして現象していることを意味する」（大澤 2008:49）。だから、「同一の対象が、『過去であり』かつ『現在である』ということがいかにして可能かが、問われなくてはならない」（大澤 2008:49）。大澤の議論を本書での議論に即して敷衍するなら、現在において知覚的な実在とは異なる「過去」として認識される実在が、なぜ独特のリアリティを帯びることになるのかを説明する必要があるのだ。

大森の言語制作説は、想起を言語的な構成に回収して説明しようとするものであり、記憶を過去形の命題という観点から捉えようとするものである。だがその議論では、予期や空想といった想起とは異なる認識作用も言語制作の問題として扱うため、他の認識と比べた場合の想起の特異性が見えにくくなっていた。大澤も指摘しているように、過去形の使用という説明だけではやはり不十分であろう。では、想起という認識の特異性、過去という実在が持つリアリティについて考えるうえでは、言語とは別の視点をとらなければならないのだろうか。次節では、この点について考えるために、大森の言語制作説を基本的には受け継ぎながら、物語り行為という言語行為に着目することで想起の問題を論じている野家啓一の議論を参照することにしよう。

五　記憶作用と言語――言語行為の観点から

本節では、野家啓一の物語り（narrative）論[6]の検討を通じて、記憶作用と言語の関係についてさらに考察していくことにしたい。野家は大森の言語制作説を批判的に継承しながら、独自の歴史哲学を展開している。そのため、知覚と想起を区別し、想起を知覚のたんなる再生とする見方を批判する点では、大森と立場を共有している。

野家によれば、「想起は『かつて知覚された』という意味を伴った、知覚とは別個の経験様式にほかならない」（野家 95）[7]。そして野家は、知覚と想起の違いを、想起が「知覚的体験」を「解釈学的経験」へと変容する点に求めている。想起と知覚の性質の違いを強調しているという点だけに着目するなら、知覚映像ではなく過去形の命題を想起の本質と見る大森と野家の議論に大差はないかもしれない。実際、想起における映像が補助的なものにすぎないという大森の議論を受けて、野家は次のように述べている。

想起の技術とは、過去を語る言語ゲームに習熟することにほかならず、「思い出」が「歴史」となるためには、単なるイメージに留まらず、何よりもそれが「言語化」されること、すなわち「物語行為」による媒介が必要なのである。（野家 172）

ただし、ここで注目すべきなのは、野家が「物語り行為」という言語行為に焦点を当てて議論を展開している点である。野家は、想起における解釈学的変形を可能にする契機として、「『物語る』という原初的な言語行為」（野家 18）に着目する。こうした野家の議論は、過去を語るという言語行為に焦点を当てて想起の特異性を論じているという点で、「過去記述や過去形の意味の理解はただ過去についての会話の中でのみ学習される」（大森1992:113）といった指摘に留まった感のある大森の議論をさらに発展させたものであると言えよう。物語りが想起において持つ意義について、野家は次のように述べている。

言葉はわれわれの経験に形を与え、それを明瞭な輪郭を持った出来事として描き出し、他者の前に差し出してくれる。本人にのみ接近可能な私秘的「体験」は、言葉を通じて語られることによって公共的な「経験」となり、伝承可能あるいは蓄積可能な知識として生成される。「語る」という行為は、人と人との間に張り巡らされた言語的ネットワークを介して「経験」を象り、それを共同化する運動にほかならない。（野家 80-1）

野家は、「語る」が語源的には「象る（かたどる）」に由来するという説に依拠しながら、経験を象る言語行為としての「語り」に着目している。ここで重要なのは、「語る」という言語行為が、「体験」を「経験」へと変えるという野家の指摘である。これはつまり、知覚的に体験された過去が、語るという言語行為によって出来事として形象化されることを意味している。ある過去が漠然としたイメージに留まらない出来事になるには、言語的ネットワークの中で時間的な広がりや文脈を獲得しなければならない。だが、あらゆる言語行為が、過去の出来事化、体験の経験への変成に寄与するわけではない。それゆえ、過去が出来事になるには言語が関与していると指摘するだけでは不十分である。語るという言語行為への着目。この点に、大森の言語制作説をさらに発展させた野家の議論の意義がある。

ここで重要になるのが、「話す」と「語る」という二種類の言語行為が対比されている点である。野家は、日常の言語使用における「語る」と「話す」との使い分けについて考察したうえで、次のように述べている。

> 「話す」が話し手と聞き手の役割が自在に交換可能な「双方向的な」言語行為であるのに対し、「語る」は語り手と聴き手の役割がある程度固定的な「単方向的な」言語行為と言えそうである。視点を変えれば、「話す」がその都度の場面に拘束された「状況依存的」で「出来事的」な言語行為であるのに比べ、「語る」の方ははるかに、「状況独立的」であり、「構造的」な言語行為だと言うことができる。このことは、語源的に「話す」が「放つ」に由来し、「語る」が「象る」に由来するという事実からも、一つの傍証が得られるであろう。（野家 99）

こうした違いは、「話す」という行為がより日常生活の現場に密着しているためにもたらされるという。そのため、話している現在を離脱するような想像・虚構・想起などは、「語る」という言語行為の領分となる。そして野家によれば、このような差異は、両者の「発話行為のレベルの差」（坂部恵）ゆえにもたらされるという。野家も引用している坂部の文章を見てみよう（野家 101）。

> さらに考えてみると、両者のあいだには、あきらかにいわば発話行為のレベルの差といったものがみとめられる。一言でいって、この二つの言語行為を比べた場合、〈はなし〉のほうが、より素朴、直接的であり、それに対して、〈かたり〉のほうは、より（二重化的）統合、反省、屈折の度合いが高く、また、日常生活の行為の場面からの隔絶、遮断の度合いが高い。（坂部［1990］2008:38）

「話す」と「語る」という二つの言語行為は、それらが行為遂行的発言としての性質を持つという観点からすれば、同じ次元に位置づけることも可能である。だが、坂部も指摘するように、両者には「発話行為のレベルの差」が存在する。「話す」という行為は、「直接的に他者に話しかけるという意味で、まぎれもなく行為遂行性を身に帯びている」（野家 102）。それに対し「語る」という行為では、「他者への働きかけが間接的になる分だけ、行為遂行性は屈折あるいは遮蔽され、メタ・レベルに押し上げられている」（野家 102）。それゆえ、行為遂行性を中心としたオースティンの言語行為論では、「語る」という行為の特異な性質を十分に捉えることはできない。そこで野家は、言語行為というオースティン的な用語と区別して、「物語り行為」という概念で自らの議論を展開していくのだ。

言語行為と物語り行為は、時間的ベクトルの観点から区別される。言語行為の時間的ベクトルが現在から未来へと向かっているのに対し、物語り行為の時間的ベクトルは現在から過去へと向かっている。この違いをさらに敷衍すれば、物語り行為は過去の出来事や行為に「構成的に」関与するという点で、言語行為とは異なる次元の行為である（野家 105-6）。こうした観点から野家は、「言語行為が未来投企的であるのに対し、物語行為が過去構成的であるという対比」（野家 108）を行っている。

野家はこのような対比から、共時的なコミュニケーションとして機能する「話す」に対して、「語る」は通時的なコミュニケーションとして機能するという議論を展開していく。そこで野家が強調するのが、物語り行為が「歴史的共同性とでも言うべき時間意識を背負っている」（野家 111）という点である。そして野家は、語るという行為が間主観的な行為であるがゆえに、それが個人の歴史のみではなく集団の歴史にもつながっていくという点を重視する。そのため、野家自身は、自己についての語りというパーソナルな記憶の次元ではなく、集団の歴史をめぐる語りという歴史哲学的な次元を中心に議論を展開していく。この野家自身の議論については、後でまた振り返ることにしよう（第四章第五節）。今ここで問題にしたいのは、「物語行為が過去構成的である」（野家 108）という野家の指摘の方である。

先に検討した大森と同じく、野家は知覚と想起とを比較することで想起の構成的な性質について論じている。野家は大森の議論を、過去は想起という経験様式から独立には存在し得ないということを定式化したものだと言う。そして、大森のテーゼを自らの物語り論に引きつけて、「経験を語ることは過去の体験を再生ないしは再現することではなく、過去の体験は経験を語る物語行為から独立には存在し得ない」（野家 117）と言い換えている。次の野家の文章を見てみよう。

> 一度限りの個人的な体験は、経験のネットワークの中に組み入れられ、他の経験と結びつけられることによって、「構造化」され「共同化」されて記憶に値するものとなる。逆にいえば、信念体系の中に一定の位置価を要求しうる体験のみが、経験として語り伝えられ、記憶の中に残留するのである。（野家 114-5）

野家の考えでは、過去が実在性を獲得するのは、言語的ネットワークによって形成される信念体系の中においてである。つまり、ある特定の過去が現在において意味のあるものとして想起されるためには、「過ぎ去った体験をわれわれの信念体系の脈絡の中に組み入れ、それを意味づけると共に、現在の行為との間に規範的関係を新たに設定すること」（野家 114）、すなわち「経験を語る」ことが必要となる。なぜなら、経験を語ることによって、過去は現在との意味的なつながりを獲得し、知覚的な映像とは別の次元のリアリティ、すなわち言語的な意味世界におけるリアリティを獲得するからである。

以上のような野家の議論は、過去が現在の観点から再構成されるというアルヴァックスの議論ともきわめて親和的なものである。過去を再構成する物語り行為について、野家は次のように述べている。

物語行為は、それゆえ一種の解釈学的行為であり、過去の出来事を再構成することによって、現在の自己の境位を逆照射する機能をもっている。過去を現在の時点から再構成し、構成された過去によって逆に現在が意味づけられ、現在の自己理解が変容されるという往復運動を起動させることにおいて、物語行為は二重の意味で過去構成的なのである。
（野家 108）

野家がここで使う「構成」という言葉は、フッサール現象学における「志向的構成」という考え方に依拠し、「存在するものの意味と妥当性を産出すること」、「意識が志向する対象に意味を付与すること」として理解されている。野家は、フッサールが構成を「超越論的意識」あるいは「自我」の機能と考えたのに対し、それが「言語行為」によって遂行されるものと考える（野家［2007］2016:89-90）。野家は、自らのこうした立場を「歴史の反実在論」として定式化し、「過去の出来事は客観的に実在するのではなく、『想起』を通じて解釈学的に再構成されたものである」（野家 157-8）と述べている。

以上のような野家の議論は、哲学における「言語論的転回」を念頭において展開されたものであり、構築主義と呼ばれる議論に連なるものである。野家が大きな影響を受けた大森荘蔵も、広い意味ではこの構築主義的な潮流に属するといえよう。だが、先に大森の議論を検討した際にも指摘したように、構築主義的な立場にはいくつかの難点が見られることも事実である。そこで次節では、これまでの考察もふまえて、構築主義的な記憶論の意義と限界について考察していくことにしよう。

六　構築主義的な記憶論をめぐって

構築主義[8]とは、現実が言語的に構築されることを強調する議論であり、幅広い議論が含まれる。たとえば、ジェンダーがいかにして構築されているのか、歴史的知識がいかにして構築されてきたのかといったことが論じられており、論じる問題や論者によってさまざまなヴァリエーションがある。ただ、現実が構築される際の言語の働きに着目するという前提は、大方の構築主義的な議論が共有するところである。それは、先に見た大森や野家の議論にも当てはまるだろう。千田有紀による次の説明を見てみよう。

> 構築主義は、あたかも事実と言語が一対一の対応関係にあるかのような、前期ウィトゲンシュタイン流の写像理論を破棄するところから出発せざるをえないのである。言語は、人間が知覚するさいの「透明な媒体」などではない。言語からなる知識こそが、わたしたちの世界の現れ方を決定づけるのであり、言語なしにはわたしたちは何も知覚することができない。さまざまな言語的カテゴリーが存在し、それに付随する言説実践があるからこそ、わたしたちはそれらの観念が指し示す対象を認知し、作りだすことができる。（千田 2001:5）

このように、構築主義の立場は、言語的な認識以前の事実が存在し、それを言語がたんに写し取るという見方を批判する。構築主義は、言語的な実践による現実の構築を論じることで、素朴な実在観から距離をとることを可能にしているのだ。ただし、構築主義を唯名論と同一視することには注意が必要である。千田も指摘しているように、構築主義の理論的地平は、差異がフィクションか「実在」かのどちらかを選択することにはない。たとえば千田は、ジュディス・バトラーを例として挙げ、「バトラーの問題関心は身体が構築されること自体にあるのではなく、アルチュセール的な意味で、いかに言説が物質に転化していくのかというところにある」（千田 2001:37）と述べている。

構築主義は、言語的な認識を離れた認識があり得ないことを強調する。それゆえ、存在論と認識論をめぐる問いを意識的に回避し、現実の認識を言語による構築という観点から記述することに重きを置く傾向がある。たとえば『構築主義とは何か』の編者である上野千鶴子は、「言語の外に実在があるかないか」という問いを踏み絵のような問いと考え、構築主義者がそれに答える必要はないという立場をとっている（上野 2001）。

ただし、このような立場を徹底させていった場合、先に大森の言語制作説を検討した際に見たような問題が生じる。それは、過去というものに伴う独特の実在性を、構築主義はうまく説明できないという問題である。たとえば松浦雄介は、構築主義においては、「社会環境（現在・関係・言語）が記憶を構成するという方程式」（松浦 2005:30）によって、原因と結果、作用と被作用の関係があまりに固定的に捉えられている点を批判している。

松浦は、構築主義がうまく説明できない領域としてトラウマや多重人格を挙げている。構築主義の立場からすれば、過去の虐待についての記憶は、セラピストとの語りや社会環境（教育やメディアなど）によって構築されたものとされる。実際、偽記憶症候群――実際には虐待の事実はなかったのに、セラピーでの語りを通じて偽記憶が構築される――の問題で明らかになったように、過去の記憶が言語によって構築されていくという説明がかなり妥当するケースもある。そして構築主義が、素朴な抑圧神話を退け、偽記憶症候群のような問題に対してかなり有効な介入ができるのも事実である。しかし、構築主義では、トラウマのすべてを説明できないのも事実である。松浦はこれに関連して、構築主義の主な難点を二つ挙げている。

松浦が第一の難点として指摘するのは、構築主義が「現在を規定するものとしての過去」（松浦 2005:31）をうまく捉えられていないという点である。過去が現在の状況から構築されるとしても、それは無から作り上げられるわけではない。現在は過去から独立しているわけではなく、現在において過去を構築する仕方は、過去によって規定されてもいる。この捩じれた関係を考慮に入れない限り、なぜそもそも過去が構築されるのか、なぜ他のかたちではなく、ある特定のかたちで構築されるのか、過去を構築する現在の要因がどのように生じたのかといったことが明らかにならない。

次に第二の難点であるが、松浦が挙げているのは、「書きかえられた記憶があらたに現在の〝原因〟として作用し始める」（松浦 2005:31-2）事態を、構築主義が十分に説明できていない点である。過去は、現在において再構成されるだけの受動的な存在ではなく、再構成を経たうえで、現在の主体のあり方にさまざまな影響を及ぼす。たとえトラウマ体験がつくられた幻想だとしても、それが主体に真だとされることによって、さまざまな現実的な症状が生み出される。こうした事態がなぜ可能なのかを、構築主義は十分に説明していないのだ。

では、なぜ構築主義には上記のような難点が見られるのだろうか。この点に関連して、構築主義的に自己を捉えた場合にもたらされる困難について考察した浅野智彦の議論を参照しておこう（浅野 2001）。浅野によれば、構築主義的に自己を捉えた場合には、次のような矛盾が生じてしまうという。それは、「一方において『自己』とはそもそも語られることによって構成されるのであるが、他方において、自己物語が語られるためには『語り』に先立って語り手である『自己』がいるのではなくてはならない」（浅野 2001:195）という矛盾である。しかし、構築主義の立場からすれば、構築に先立つ（したがって構築されていない）自己を認めることはできないので、「自己」と「語り」の関係をどれほど遡ってみてもきりがないことになる。

浅野によれば、こうしたジレンマは敢えて見ない（盲点とする）ことによって回避されてきたという。というのも、「語られた自己物語の『内容』や『機能』に着目するためには、それを語っているものについての問いはとりあえず（しかし実は永久に）棚上げしておくほうが都合がよい」（浅野 2001:196-7）からである。浅野は、構築主義が棚上げにしたこの問いを、発達論的には最初の自己物語がどこからやってくるのかという問いであり、論理的には自己に対するメタ自己がどのように存在し得るのかという問いであると述べている（浅野 2001:221 注 130）。こうした自己物語が直面する困難は、記憶現象を説明する際にもついてまわるだろう。記憶現象においては、現在の自己が過去をどのように語るのかが問題となるからである。だが、記憶論においては、過去が現在において再構成されるという指摘はされても、その現在がどのように成立しているのかという点は吟味されてこなかったと言える。

では、上記の困難を解決するためには、どのような道を取りうるのだろうか。浅野は「構成された現実」に対して、それをつまずかせるような何かに着目することを促している。それは家族療法の物語論で言えば、「語られた経験」とは区別される「生きられた経験」である。また、戦争、レイプ、大事故、大規模なトラウマ的体験がもたらす潜在的な影響力もそうである。浅野はこうした次元を、「語られてはいないがきわめて現実的な効果をもったなにか」（浅野 2001:206）と呼ぶ。

浅野によれば、このような観点からの構築主義批判は、精神分析家ジャック・ラカンの影響を受けた理論ときわめて親和的であるという。たとえば浅野は、赤間啓之（『分裂する現実』）による丸山圭三郎の「言分け」論への批判（「概念」はたしかに言分けされるが、丸山が「もの」と呼んだ対象についてもそうなのか）、バトラーに対するコプチェク（『わたしの欲望を読みなさい』）の批判（性はすべて構築されているというとき、その断言自体がアンチノミーをもたらす）、ジジェク（『イデオロギーの崇高な対象』）によるクリプキの読み替え（構築される確定記述に対して構築に還元されない固有名）などを挙げている（浅野 2001:226-7 注23）。構築主義に対する批判が精神分析的なものになるのは偶然ではない。浅野によれば、「（ラカン派に限らず）精神分析を除外して物語療法を語ることは本当は不可能」（浅野 2001:228 注23）なのである。

ただし、「語られてはいないがきわめて現実的な効果をもったなにか」（浅野 2001:206）――ラカンの用語でいえば「現実界」――を、言語以前の「自然」や「身体」や「過去」といったものに回収するのには注意が必要である。それでは、構築主義以前の素朴な実在論や本質主義の段階に後退することになるからだ。浅野が注目しているように、そのようなものは、「現在の**語りがつまずく**という形をとるのであり、つねに語りや言葉を通して（あるいはそれらの「歪み」や「穴」を通して）のみ『ある』もの」（浅野 2001:227 注23 強調原文）である。つまり、「『外』や『以前』と呼びたくなるようなものは、むしろ『内』や『以後』にしか見いだし得ないようなものなのである」（浅野 2001:227 注23）。ラカンの「現実界」が、「想像界」や「象徴界」といった概念との対比によって定式化されていることを想起しておく必要があるだろう。

上で見てきたような批判は、構築主義的な理論の弱さを的確にあぶり出していると言えるだろう。実際、先に構築主義的な議論の例として挙げた野家啓一も、「前構成的な可能性の領域」についての考察が不十分であったことを自ら認めている（野家 [1996]2005:362–3）。野家に対する批判は、精神分析の側からではなく「歴史修正主義論争」の文脈でなされたものであるが、そこにおいても「記憶されぬもの」や「語りえぬもの」が問題とされていた。そして、野家自身が認めているように、構築主義的な議論がこうした次元をうまく捉えていないのも事実である。

では、なぜこのような困難がもたらされるのだろうか。先の浅野の議論を敷衍すれば、それは構築主義が「言語には回収できないにもかかわらず実在的であるもの」に対する問いを回避してきたからである。この困難は、反実在論を呼び込みやすい構築主義の性質に起因するところもあるだろう。北田暁大が指摘するように、「過去の出来事」が分析の対象となる場合には、「……が存在した」という述語の形式をとらざるをえず、特に反実在論を呼び込みやすい構造になっている（北田 2001:260–1）。だが一方で、反実在論を徹底できないところに構築主義の弱みもある。この点について、北田の議論をもとに考えてみよう。北田の議論は、主に自己物語というパーソナルな次元に照準して構築主義を批判する浅野の議論とは別に、歴史という集団的なレベルで構築主義を考える際の困難についても示唆を与えてくれるからである。また、あくまで構築主義に寄り添いながら内在的に批判を行うことで、構築主義を洗練させる形で乗り越える議論の可能性を提起している点に、北田の議論の大きな意義がある。

北田は、特に「過去の出来事」を分析の対象とする構築主義を「歴史的構築主義」（Historical Constructionism）（以下、北田にならいHCと略記する）と呼び、精神分析とは異なる観点から構築主義とは別の可能性を探っている。北田によれば、HCとは、歴史記述を真偽の審級から引き離し、適切性（説得／受容可能性）の領野へと連れ出す志向を持つ議論だという。北田はこうした議論の例として、記述の説得可能性に照準するレトリック分析や物語論、想像の共同体を担保する歴史叙述の政治性を告発する記憶論やメタ・ヒストリー論を挙げている。ここで重要なのは、こうした議論の理論的前提として、出来事の有無から記述＝表象の現在性への移行があるということである。

それゆえ、HCの主張は、「過去の出来事についての記述は、記述がなされる時点における記述者の信念・知識（の表象）によって構成される。出来事が存在するかしないかの判断については態度を留保する」といった穏当なものにならざるを得ない（北田 2001:261-2）。だがこの立場は、反実在論的な側面を緩和している以上、ヴィダール＝ナケのような歴史家による批判を無視することも不可能である。北田が引用している次の文章を見てみよう。

> いっさいが言説を通過せざるをえないということは分かりました。しかし、これをこえたところに、あるいはこれ以前のところに、これには還元しえないなにものか、よかれあしかれ、わたしがなおも現実と呼びつづけたいものがあるのでした。この現実がなくては、どのようにしてフィクションと歴史の区別はつけられるのでしょうか。（Ginzburg 1992=1994:98）

北田はこれを、《現時点で持ちうる証拠に照らして受容可能な記述Dが、にもかかわらず偽でありうるのではないか》とパラフレーズしている。北田によれば、こうした問いには、パトナム（『理性・真理・歴史』）の内部実在論や、リンチ（*Truth in Context*）の形而上学的多元主義（実在論と親和的な概念枠相対主義）などが答えようとしているという。北田は、両者に還元し得ない差異があることを認めながらも、パラダイム論的な概念枠相対主義、それに対するデイヴィッドソンの批判以降に、両者がカントへの共感を示しているという点に着目している。

こうした議論が重要なのは、穏当なHCの主張では、個々の述語に関して真か偽かは留保できても、「記述Dは真か偽かのいずれかである」という二値原理そのものに待ったをかけることは許されないからである。つまり、特定の記述Dが真か偽かは神ならぬ人間には知りえないにしても、人間は「Dが真か偽であること」は知っているため、その点を等閑視した議論は、問題を回避してしまうことになるからである。そのため北田は、〈研究者がアクセスできるのは表象しかないのだから、「過去そのもの」の実在を想定することは否定しないけれども、リダンダントである〉という立場に対して、厳しい批判を投げかけるのだ。「はたして歴史記述の場面において、過去の実在をめぐる問い（存在論）から独立した純粋な認識論（いかに知りうるか）というものを、有意味に語ることができるのだろうか」（北田 2001:264）、と北田は問うている。

確かにHCは、明白な反実在論を掲げる（存在論の認識論への還元）わけではない。だが、実在性への問いを留保したり、余剰なものとして無化したりしようとする（存在論の解消）傾向があり、その点を北田は問題視している。北田は、次のように述べている。

こうしたHCの方向性は、「語り得ぬものは存在しない」ではないが、「語り得ぬものについては語り得ない」というきわめて近代的な認識論中心主義――認識するもの／されるものの関係をめぐる技術的処理への関心、人間の意味構成＝志向性の外部を否認する人間主義的教理。「裏返しの実証主義（ギンズブルグ）」――を体現してしまっているとはいえないだろうか。おそらく、《ホロコースト》という認識が頓挫する極限がわれわれに突きつけてくるのは、ＨＣが暗黙のうちに前提する《認識論による存在論の抑圧》に対する実在からの抵抗、《存在の金切り声》とでも呼ぶべきものの頑強さなのであり、歴史家（構成主義者であれ実証主義者であれ）はそれに応答する責任を持つのである。（北田 2001:266-7）

また北田は、次のようにも述べている。

我々は、ＨＣが力説するように、歴史記述を過去の出来事を映し出す鏡とみなすような歴史学に満足するわけにはいかないが、同時に、「たった一人の証人」の声を耳にしてなお、過去そのものへの問いを宙づりにしておく構築主義、あるいは歴史学の歴史性・政治性を解剖していくメタ・ヒストリーに留まり続けることもできない。**歴史の観察者は、自らの立場を「…主義」「…派」と囲みこんでしまう前に、表象の透明性なるものに懐疑を抱きつつも、それでも《存在の金切り声》を抑圧することのない、そんな文体を模索し続けなくてはならないのだ。**（北田 2001:269-70 強調原文）

北田が《存在の金切り声》と呼ぶ次元は、「構築主義／実証史学という対立図式が捩れをみせ、最終的に失効せざるをえない地点」（北田 2001:270）において見出されるものである。それはラカン派のいう「現実界」の議論ともつながるものだろう。ただしここで重要なのは、《存在の金切り声》を抑圧することのない文体を探る試みが、ＨＣの主導者たちによってもなされていることである。北田は、ホワイトの「中動態」、ラカプラの「過去との対話論」などをその代表格として挙げている。

北田がこうした議論を展開するのは、社会分析において構築主義が広がりを見せる一方で、その反作用として「自由主義史観」のような構築主義を逆手にとった議論が隆盛している状況に対抗するためである。北田は実在に対する理論的立場を、素朴実在論（ベタ）、構築主義（メタ）、構築主義以降のカント的「実在論」（メタのベタ）の三つに分け、構築主義がベタな実在論の解毒剤としとしては役立つ一方で、認識論的には修正主義と共犯関係を築いてしまう側面があることを指摘している。自由主義史観の隆盛は、「ベタとメタを越えた地点、構築主義の論理空間に収まりきらない残余に考えをめぐらせなくてはならない言説状況」（大澤・北田 2008:74）にわれわれが置かれていることを意味している。北田自身は、こうした言説状況のなかで、構築主義以降のカント的「実在論」（メタのベタ）の立場の可能性を探っている。

北田がこうした立場をとるのには理由がある。それは、還元しきれない残余なるものを考えていく結果、二つの極端な道筋へと至ることを回避するためである。その一つの道筋とは、「散々思考をめぐらせたあげく結局ベタな実在論と大差ないものへと帰着してしまう」（大澤・北田 2008:74）道筋である。これは、自分が批判する相手に対しては徹底的に構築主義を適用して「構築されたものに過ぎない」という批判を行う一方で、自らの価値観に適うものは本質主義的に擁護してしまうような立場だと言えるだろう。それに対するもう一方の道筋は、「『還元しきれない残余』を発見すること自体が自己目的化していく道筋」（大澤・北田 2008:75）であり、北田はジジェクを顕著な例として挙げている。北田の整理によれば、構築主義を経た後では、「構築主義という武器を携え、次々と敵をなぎ倒していくというベクトル」（大澤・北田 2008:75）と、「ラクラウやムフのように総体としての社会の不可能性を抉り出していくようなベクトル」（大澤・北田 2008:75）とに議論が二極化しているという。ここまで検討してきた北田（2001）の議論の意義は、こうした両極化した議論とは違う道筋を探っている点にある。

以上、浅野と北田の議論を通して見てきたように、構築主義的な観点から記憶現象を捉えるのには限界がある。では、浅野や北田によって提示された以外の構築主義に対するオルタナティヴの可能性はないのだろうか。この点について少し考えてみたい。第三節において、言語というものが実在を捉えそこなってしまうというベルクソンの議論を紹介したことを想起しよう。ベルクソンが言語という観点から実在を捉えることを批判するのは、それが実在の一面しか捉えていないと彼が考えるからである。

ベルクソンは実在（réalité）における存在様態を、潜在性（virtualité）と現実性（actualité）とに区別している。潜在的なものを積極的に定義するのは難しいが、現実的なものとは、今現在において知覚的に認識されているような実在のあり方である。イメージしやすいのは、感覚によって知覚されている物質が持つリアリティ、身体によって感じられているリアリティであろう。ベルクソンは、言語が捉えるのもこの現実的なリアリティの水準であると考えている。ベルクソンの考えでは、言語は意識が受肉するための「非物質的な身体」を与えるという（Bergson［1907］2009:265=2010:336）。つまり、言語が非物質的であるとしても、身体的な知覚と同じく実在の現実性を認識するに留まり、そこに収まりきらない潜在性を捉えることができない、とベルクソンは考えているのである。そのためベルクソンの記憶論の中心的な関心は、身体や言語という固定化された枠組みをいかに脱却するのかということにあったのだ（金 2014）。

ベルクソンの批判は、先に見た構築主義に対する批判――言語による構築から零れ落ちるものがある――にも通じるものである。だが、こう問うこともできないだろうか。言語には、ベルクソンのいう潜在的なものに通じる次元もあるのではないか、と。たとえば坂部恵は、〈かたり〉によって「記憶や想像力や歴史の垂直の時間・空間の奥行」（坂部［1990］2008:52）への回路が開かれることを指摘し、それを「ベルクソンの持続と純粋追憶の世界」（坂部［1990］2008:53）に結びつけている。ベルクソン自身がそうしなかったからといって、ベルクソン的な問題意識を言語の側から考えていく可能性がないことにはならないだろう。[9]

ここで指摘しておきたいのは、構築主義の困難を言語論の側から乗り越える可能性である。本書で構築主義的な立場の代表例として検討した大森荘蔵と野家啓一は、ともにウィトゲンシュタインに大きく依拠していた。ウィトゲンシュタインの言語ゲーム論を高く評価する大森が、ソシュールを厳しく批判していたことを思い起こしておこう。だが、徹底した構築主義の立場の限界が明らかな以上、大森が自らの立場の対極にあるものとして退けたソシュール的な言語論にも再び着目する必要があるのではないか。そのような試みとしては、たとえば、ベルクソンとソシュールの議論を対応させる前田英樹の議論を挙げることができるだろう（前田［1989］2010）。だが、この点についてはいまだに研究の蓄積が不十分であり、さらなる検討が必要である。

以上の考察を踏まえたうえで、もう一度アルヴァックスの記憶論について考えてみよう。記憶作用を言語の観点から捉えるアルヴァックスの立場は、確かに構築主義と親和的なものである。実際、過去がありのままにどこかに保存されていて、それがそのまま想起されるという素朴実在論のモデルは、アルヴァックスも退けている。だが、本章で見てきたように、記憶作用を構築主義の観点から捉える議論には多くの限界もある。その限界とそれを超える道筋については先に考察した通りである。アルヴァックスの議論が上で批判した構築主義に尽きるものならば、これ以上アルヴァックスの記憶論を考察する意義はないであろう。だが、アルヴァックスの議論は構築主義に回収できるものなのだろうか。

ここで注意が必要なのが、アルヴァックスの『枠組み』自体は一九二五年に書かれており、現在の構築主義の隆盛を経た時代とは異なる問題意識で書かれているということである。たとえば、アルヴァックスが参照する言語学者アントワーヌ・メイエは、ソシュールの弟子であった。この点からしても、後期ウィトゲンシュタインの言語ゲーム論の影響を強く受けた大森や野家の構築主義とアルヴァックスを同一視することはできないだろう。また、

『枠組み』における議論を見ても、語りや言説に着目して過去の政治的な再構成を論じていく議論が中心的になされているとは言えず、現在の構築主義的な記憶論の元祖としてアルヴァックスを捉えるのには無理がある。また、晩年の『集合的記憶』において、言語ではなく時間や空間へと考察の比重が移っている点も見逃すことはできない。

構築主義的な記憶論は、過去が政治的に構築されていく過程を語りや言説に着目して明らかにし、再構成の過程における権力性を批判してきたが、アルヴァックス自身はそのような議論を中心的に展開してはいない。そのため、アルヴァックスを構築主義的な記憶論に回収して批判することは、彼の議論の一面を切り取って批判することにすぎず、彼の記憶論の可能性を不当に狭めてしまうことになるだろう。そこで次章では、『枠組み』の第三章「過去の再構成」と第四章「記憶の位置づけ」を中心に検討し、構築主義において受容された「過去の再構成」という彼のテーゼについて詳しく検討し直すことにしたい。そのことによって、構築主義には必ずしも回収できないアルヴァックスの記憶論の射程も明らかになるだろう。

第二章　過去の再構成と記憶の位置づけをめぐる考察

一　過去の再構成をめぐって

第一章では、『枠組み』における夢と言語活動について論じた章を中心に、アルヴァックスの記憶論を概観してきた。そこで確認したのは、言語活動という枠組みによって過去が再構成される営みとして記憶作用が捉えられていたという点である。こうしたアルヴァックスの考え方は、言語によって現実が構成されるという構築主義の立場とも近いものである。だが、前章においても確認したように、現在の構築主義的な議論にアルヴァックスの記憶論を完全に回収してしまうのにも無理がある。そこでまず本章では、構築主義に親和的なものとしてしばしば言及される「過去は現在の観点から再構成される」というアルヴァックスのテーゼを検討することにしたい。そのことによって、語りや言説の中で過去が再構成されるという政治的な力学に焦点を当てる議論とは別の、アルヴァックスの記憶論の可能性も見えてくるだろう。

アルヴァックスは『枠組み』の第三章を「過去の再構成」と題し、過去を想起することは過去を再構成することに他ならないという議論を展開している。アルヴァックスがこのような議論を展開したのは、「過去がもとのままの姿で個人の記憶力の中で保存されるという考え方」（CS 279=365）を批判するためである。「再生（reproduire）は再発見（retrouver）ではない。それはむしろ、再構成（reconstruire）である」（CS 92=132）とアルヴァックスは述べている。

アルヴァックスは、子ども時代に読んだ本を大人になってから再読するという事例について考察している。大人はその本を読んでも、子どもの頃に抱いた印象をそのまま想起することができない。大人になってから想起する子ども時代の過去は、その多くが形を変えてしまっており、かつて知覚された光景をそのまま再現すること、かつて出来事に感じた意味や感情をその当時のまま想起することが、大人にはできないのだ。では、なぜこうした事態がもたらされるのだろうか。アルヴァックスによれば、以前に心に刻まれた印象を見出すことを、「現在の観念（idée actuelle）」が妨げているからだという（CS 86=125）。次の文章を見てみよう。

アナトール・フランスは、『ジャンヌ・ダルクの生涯』の序文でこう述べている。「もはや存在しない時代の精神を感じ、昔の人々の同時代人になるためには、……その困難は、知らなければならないことの中にも、もはや知らなくてよいことの中にもない。もし本当にわれわれが十五世紀を生きようとすれば、何と多くのものを忘れなければならないことか。科学や体系、われわれを近代的にする獲得物の一切を忘れなければならない。聖トマスやダンテ、中世の宇宙形状誌学者――七日間の創造と、トロイ大戦争の破壊の後でプリアモスの子らによる王国の建国が行われたことを、われわれに教えてくれる人々――らの科学だけを信じるためには、地球が丸いということも、星が水晶の天蓋に吊るされたランプではなく恒星であることも、ラプラスの世界体系も忘れなければならない」。同様に、ある本を子どもの頃と同じ気持ちで再読するためには、忘れなければならないことがどれほど多いことだろう。（CS 86-7=125）

ここで指摘されているのは、現在と過去との断絶である。現在において過去を想起する主体は、過去の視点と現在の視点の間にある断絶によって、過去それ自体に近づくことができない。アナトール・フランスが述べているように、近代的な思考を身に付けた主体は、それを身に付ける以前の主体と同じように思考することができないのだ。それが、かつてと同じように過去を想起できない原因である。このことが、「ある本を子どもの頃と同じ気持ちで再読するためには、忘れなければならないことがどれほど多いことだろう」とアルヴァックスに言わしめているのだ。

ただし、過去から現在にかけて身に付けてきたことを全て忘れれば、過去それ自体に到達できるというわけでもない。それでは単に、現在から逃避する空想と区別ができないからだ。当時の記憶を正確に想起するには、「その時に知っていたことを正確に認識する必要がある」（CS 88=127）。ただしこれは容易なことではない。子どもと大人の間には、大きな断絶があるからだ。アルヴァックスは次のように述べている。

子どもの精神の中にある枠組み・習慣・モデル・経験は、大人のものとは異なっている。だが、それらがなければ子どもは自分が読んでいるものを理解できないし、少なくとも、自分が認識しているものを理解できない。当時と同じ年齢の子どもを観察するだけでは、失われた精神状態を見出すことはできない。昔に自分の周囲にいた人々、自分が手にしている作品が置かれていた時期の自分の関心や好み、それまでに読んできた本、その作品の直前に読んだ本や並行して読んでいた本などを、正確に知らなければならない。（CS 88=127）

こうしたことは、大人にとっては極めて困難なことである。なぜなら、大人における思考や記憶作用の枠組みは、子ども時代から大きな変質を遂げており、過去に対する両者の視点に大きな隔たりがあるからだ。それゆえ、大人は子ども時代の過去を大まかにしか再現できない。むしろ、視点の違いゆえに、それは再現というよりは再構成でしかあり得ない。また、過去をそのままの姿で見出して再現することが困難なのは、「魂のかつての状態に正確に身を置くためには、同時にそして例外なく、当時の自分に及ぼされたあらゆる影響を、内部と外部から想起しなければならない」（CS 89=129）からでもある。

これは極めて困難なことだ。というのも、自分の内面の中で過去の自分と一体化するだけでは十分ではなく、当時に自分を取り巻いていた外部の状況にも身を置かなければならないからである。それは、「歴史上の出来事の実在性を再現するために、出来事の当事者・証人であった人々を、墓場から引き出さなければならない」（CS

89=129）ことも意味している。つまり過去の自分の視点だけではなく、過去の他者たちの視点にも身を置く必要があるのだ。こうした困難ゆえに、過去をかつての姿のままで想起することはできず、再構成という形で過去に接近するしかない。こうした困難がもたらされる分かりやすい事例として、子ども時代を大人になってから思い出すという事例をアルヴァックスは論じているのだ。彼がこの事例について考察したのは、「記憶を呼び戻すことを容易にしたり妨げたりする条件をありのままに把握できる」（CS 89=129）からである。

では、子どもと大人の枠組みの違いとはどのようなものなのだろうか。アルヴァックスは、子どもと大人とでは事物に対する態度が異なるという指摘を行っている。大人にとっての人間と事物との関係は、「事物の間における人間関係の条件や支えのようなものである」（CS 94=134）。だが反対に子どもにとっては、この関係は「それ自体の目的を所持しているように思われる」（CS 94=134）。こうした違いが生じるのは、成長につれて枠組みが変化していくために、事物に対する視点も変化せざるを得ないからである。大人の視点においては、社会的な地位や富という観点を中心に人間や事物を判断するようになるとアルヴァックスは指摘する。子どもの頃に読んだ本がかつてのような魅力を失ってしまっているのは、「人間が我が物としていた事物がすべて、経済的な価値という多かれ少なかれ抽象的な価値を獲得したがために、生き生きとした側面を失ってしまう」（CS 94=135）からである。では、こうした視点の違いはなぜもたらされるのだろうか。

そこで重要になるのが、子どもと大人とでは枠組みが変化している点である。アルヴァックスはたとえば両者の空間的な枠組みの違いについて、「大人の思考を取り囲んでいる空間的な枠組みは、より広大である」（CS 97=137）と指摘している。ここで空間的な枠組みと呼ばれているものは、幾何学的な図形や等質的な媒体とは別物である。それは、「人々がそれに割り当てる神秘的な性質によって、諸部分が区別されている」（CS 97=137-8）ものとして思い描かれる空間である。具体的には、家の中の別々の異なった部屋や片隅、家具や家の近くの庭、道の隅といったものを例として挙げられるだろう。これらの枠組みは、「生き生きとした印象を目覚めさせ、家族の特定の人物や遊び、特定の独特な出来事や繰り返された出来事と、子どもの精神とを結びつける」(CS 97=138)。これは大人についても同様であるが、大人は子どものように家を中心とした狭い空間的な枠組みの中だけには留まっていない。次のアルヴァックスの文章を見てみよう。

おそらく、大人にとっても事情はある程度同じである。大人は自分が長く生活した家を手放す時、その背後に自分自身の一部を捨て去ってしまったように感じるものだ。実際、この消え去った枠組み、そこに関係づけられる全ての記憶もまた、消失する危険性がある。しかし、大人は自らの思考を、そこで多くの記憶が生きられた住まいや時期の境界内に閉じ込めたりはしないため、別の対象や場所、住まいの外へと広がる反省とも関わっている。(CS 97-8=138)

大人は家という狭い空間的な枠組みを越えて、より広い空間の中で自らの過去を位置づけるようになる。そのため、大人の思考はより反省的になるのであり、小さな世界そのものを生きている子どもとは視点が異なるのだ。「子どもは長い間、この小さな世界を大きなものへと置き換える必要性を感じてはいない」(CS 97=137)。それは、「子どもの想像力や感受性は、そこで自由気ままに広がっているからである」(CS 97=137)。だから、子どもは過去に感じた印象をそのまま体験し直すことが可能になる。それに対して大人は、狭い空間的な枠組みを越えた視点から、さまざまな反省を通して過去を眼差す。枠組みの変化によってもたらされるこうした視点の断絶が、子どもの頃の記憶をありのままに想起することを妨げ、過去を歪曲させているのだ。

このように、大人が子どもの頃の印象を見出すのは、きわめて困難である。それは、「自分の中に、子どもの想念を再び入り込ませなければならないし、最初の頃の自然で豊かな印象とはもはや釣り合ってはいない自分の感受性を刷新しなければならない」（CS 95=135）からである。だが一方で、アルヴァックスは次のような指摘も行っている。

偉大な作家や芸術家が、源泉へと遡る流れの幻想をわれわれに与えるのだとしよう。あるいは、そうした幻想を物語りながら、自らの子ども時代を体験し直していると信じているとしよう。このことが意味するのは、昔のように見たり感動したりする能力を、彼らが他の人々よりも保持しているということである。しかし、彼らは自分自身で生き延びている子どもではない。彼らは、自分の中や周囲に消え去った世界を作り直している大人である。彼らは、真実性よりもフィクションに満ちた光景へと入り込んでいく。（CS 95=135）

この引用からも分かるように、子どもの視点と大人の視点は一人の人間の中で明確に区別できるものではない。過去の視点が現在にも持続していることや、複数の視点が一人の人間の中で交差していることは十分にあり得ることであり、それは作家や芸術家といった人々に顕著に見られる現象である。確かに、過去はある特定の視点から再構成される。だが、そこに関与する視点は、必ずしも単一のものとは限らない。子どもの視点を保持したまま過去を想起することもあり得るのであり、その時に想起される過去は、現在の都合で一方的に歪曲されるような受動的な存在としては現れない。いわば複数の視点が交錯することで、喜びや悲しみを伴った複雑な記憶が生成することになる。

この点に関連して、「再構成（reconstruction）」という言葉の含意について少し補足しておこう。「再構成」という言葉には、「再建する」とか「作り直す」とかいうニュアンスも伴う。アルヴァックスが「再構成」ということで論じているのは、現在の主体が過去のイメージを一方的に操作するということではない。人間が過去との関係をどのように作り直しているのか、そこにおいてどのようなことが生じているのかを、アルヴァックスは論じているのだ。それゆえ、扱われている過去の想起のあり方もさまざまである。たとえば『枠組み』の第三章では、ルソーやベルクソンの想起に関する議論が取り上げられている。両者の議論は、過去を体験し直すこととして想起を論じたものとして位置づけられ、過去が現在によって一方的に再構成されるという議論とは一線を画している。ここで重要になるのが、視点の問題であり、視点を形成する枠組みの問題である。アルヴァックスは、子ども・大人・老人という視点の異なる立場を挙げ、次のように述べている。

現在の関心事に没頭している大人が、それらに結びつかない全ての過去から関心を失っていくのは、きわめて当然のことに思える。大人が子どもの頃の記憶を歪曲するのは、記憶を現在の枠組みの中へと押し込めようとしているからではないだろうか。しかし、老人の場合は事情が全く異なる。老人は、活動することにうんざりしているので、逆に現在から顔を背けることになる。また老人は、過去の出来事がそのままの状態で再び現れるのに最も好ましい条件の中にいる。だが、仮に過去の出来事が再び現れるのだとしても、出来事は常にそこにあったのだ。これは、われわれが放棄したと思っていた、記憶の保存についての驚くべき証拠ではないだろうか。（CS 103=144）

アルヴァックスはこの文章の後で、老年にさしかかったルソーが子ども時代をどのように想起しているのかに言及している（CS 103=144-5）。ルソーが過去を想起する時、大部分の記憶が失われてしまっている一方で、ある特定の記憶はよみがえり、その魅力と力は日に日に増していく。このことからすれば、老年のルソーにおける想起は、社会的な枠組みを離脱して、子どもと同じように過去をそのまま体験し直すこととしても捉えられるだろう。だが、事態はそれほど単純ではない。アルヴァックスはこの点について考察するために、ベルクソンの記憶論に言及している。

ベルクソンの言う意味での二つの記憶力があるとしよう（一方はとりわけ習慣から成っており、行動へと向けられている。他方は、現在の生活に対する無関心を伴う）。その場合、次のように考えたくなるだろう。老人は対象や存在の実践的な側面を忘れていき、職業や家族、そして社会における活動的な生活からふつう課される拘束からの解放を感じている。また同時に、自らの過去へと再下降していくことができ、想像の中で過去を体験し直すことができるようになっている。ベルクソンはこう述べている。「われわれの過去は、現在の行動の必要性によって抑制されているため、ほとんどその全体が隠されたままである。だとすれば、いわば夢の生活の中に身を置き直すために有効な行動には関心を持たないすべての場合において、われわれの過去は意識の識閾を飛び越える力を取り戻すだろう」（MM 171＝220-1）。

（CS 103-4＝145）

アルヴァックスのこの文章を理解するために、ベルクソンの記憶論をここで再び整理しておこう（本書第一章第二節も参照）。ベルクソンは、子どもに典型的に見られる「自発的な記憶力」を「身体の記憶力」と対比させ、夢と関連づけている。ベルクソンが夢や「自発的な記憶力」を重視するのは、身体や社会といった枠組みによる抑制からの解放を、そこに見て取るからである。この点で、ベルクソンの記憶論においては、大人の視点から子どもの視点に立ち返ること、すなわち行動から離れて夢見ることが重視されていると言えるだろう。つまり現在の枠組みからの離脱によって、記憶力の真の姿が現れると考えるのがベルクソンである。だが、このようなベルクソンの記憶観は、記憶力が社会的な枠組みと持つ関係をあまりにも対立的に捉えすぎており、またその対立のさせ方もやや単純化されすぎているきらいがある。そのため、老人が現在の枠組みから離脱する傾向があるにしても、老人の視点を子どもの視点（夢）と同一視することには問題がある。アルヴァックスはこのようにベルクソンを批判する。以下、アルヴァックスによるベルクソン批判を見ていこう。

アルヴァックスは、枠組みをめぐるベルクソンと自分の理論の違いを次のように説明している（CS 98=139）。ベルクソンの仮説では、枠組みとそこで展開する出来事の間には接触の関係しかなく、両者は同じ実質(substance) から成るとはみなされていない。それに対しアルヴァックスは、両者の間に性質の同一性があると考える。つまり、「出来事は記憶であるが、枠組みもまた記憶から成る」(CS 98=139) と考え、両者が相互浸透する関係にあると考えるのだ。アルヴァックスはこのようにベルクソンとの立場の違いを整理したうえで、次のベルクソンの文章を引用している（CS 99–100=140）。

> その時〔暗唱用課題がどのように覚えられたのかについて考え、自分がたどった段階を代わる代わる思い浮かべる時——引用者注〕、連続して行われた各々の朗読は、固有の個性を伴って私の精神へと戻ってくる。**かつてそれに伴い、今でもそれを取り囲んでいる諸状況と一緒に**、私は各々の朗読を思い出す。各々の朗読は、先行する朗読とその後に続く朗読から区別されるが、それは時間の中でそれが占めた位置による。要するに、各々の朗読は、私の歴史における特定の出来事として私の前を再び通り過ぎる。……特定の朗読（たとえば、一回目や二回目の朗読）についての記憶には、習慣の特徴が*少しも*ない。そのイメージはすぐに記憶力の中で刻み込まれたはずである。というのも、定義そのものからして、その他の朗読は異なった記憶を構成しているからだ。それは、私の人生の出来事のようなものである。出来事の本質は、日付を有し、それゆえに繰り返すことができない点にある。（MM 83–4=103–4 強調原文。ただし、太字傍点強調部分はアルヴァックス）

アルヴァックスはこのベルクソンの文章の「かつてそれに伴い、今でもそれを取り囲んでいる諸状況と一緒に」という部分を強調している。ここでアルヴァックスが強調するのは、個々の朗読の間に類似が存在するということであり、その類似が枠組みによってもたらされるという点である。というのも、枠組みと出来事は実体的に区別されていないため、両者の間に相互浸透が起こるからだ。それに対してベルクソンの場合は、各々の朗読はそれぞれ独立した記憶を形成するとみなされ、それぞれの差異が重視される。そのため、ベルクソンの記憶論においては、過去の記憶はそのままの状態で保存されているのだが、現在の枠組みがそれらを想起するのを妨げるフィルターとして機能しているということになる。出来事の記憶と相互浸透した枠組みによって想起が可能になると考えるアルヴァックスに対し、ベルクソンは枠組みを記憶の現象を妨げる障害物として考え、両者の間の浸透を想定していないのだ。

では、枠組みと記憶を実体的に区別するベルクソンの議論においては、記憶の現象はどのように説明されるのだろうか。ベルクソンの議論を整理すれば、次のようになる。現在の知覚の場面における身体や外的な状況という枠組みによって、現在の行動に有用ではない記憶は排除されている。だが、あらゆる記憶が排除されているわけではなく、現在の知覚の場面に類似した記憶は、枠組みによる排除を免れて現象することができる。また、時に枠組みの規制が緩み知覚の場面に「裂け目（fissure）」（MM 103=126）が生じることがあり、その時には出来事の記憶がそのまま現象することもある。この「裂け目」は偶然もたらされるものであるが、夢においては枠組みの規制が緩むため、記憶がそのままの姿で現象することがある。いわば、「裂け目」が必然的にもたらされるのが夢である。このように、ベルクソンの記憶論においては、出来事の記憶は枠組みによって排除されているか、枠組みによる排除を免れてそのままの姿で現象するかのどちらかである。したがって、枠組みと記憶が浸透しあうことで記憶が再構成されて現象するという発想は、ベルクソンには見られない。むしろベルクソンにおいては、夢が重視されているように、ありのままの過去を想起するために枠組みから逃れることが重視されている。

これに対してアルヴァックスは、「たとえイメージが唯一のものであったとしても、あらゆるイメージの中には一般的な側面がある」(CS 103=144) と指摘する。アルヴァックスは、イメージが「意識に対して現前している想念の総体」(CS 103=144) と結びついており、イメージと枠組みの間に相互浸透があることを重視する。過去はそれ自体で独立して存在するのではなく、過去から現在へと至る流れの中で持続する枠組みと相互浸透することで、現在の枠組みともつながりを持つことになるのだ。そのため、過去は現在の枠組みを介して現象することになり、記憶は枠組みのあり方と連動して多かれ少なかれ形を変えることになる。すなわち、「記憶作用の枠組みの消失や変形は、われわれの記憶の消失や変形を引き起こす」(CS 98=139) のだ。

ただし、ここでの枠組みと記憶作用との関係を、ベルクソンのように一方的な規定関係として捉えるのには問題がある。確かに、ベルクソンが考えているように、社会的な枠組みには記憶作用を抑制するような側面もある。だが、枠組みが記憶と相互浸透しているというアルヴァックス的な発想に立つならば、現在において想起される記憶は、過去から現在に至るまで枠組みと相互浸透することで記憶としての質や力を得ていることにもなる。つまり、枠組みは、現在において現象する過去を選別する否定的なフィルターとして機能する側面だけではなく、記憶に質や力を与える面も持っているのである。主体を拘束して記憶作用を抑制するだけが社会の機能ではないのだ。この点に関連して、アルヴァックスの次の文章を見てみよう。アルヴァックスはそこで、デュルケームに言及しながら、拘束だけに還元できない社会の性質について述べている。

人々がわれわれを愛すると同時に拘束してもいるということに、われわれは気づく。人間存在の総体は、われわれより強力な実在であるだけではない。それは一種の霊的なモロクであり、個々人が好きなものをすべて犠牲にするように求めてくる。われわれはそこに、自らの感情生活・経験・観念の源泉を見出す。また、われわれが予想もしなかった集団本位主義（altruisme）の広がりと深みを発見する。デュルケームは、こうした社会の二つの側面を十分に見て取り、はっきりと区別していた。（CS 111-2=154）

社会という枠組みは、個人と実体的に区別される存在として一方的に個人を規定するようなものではない。社会には「感情生活・経験・観念の源泉」となる側面も存在し、個々人はそこに「集団本位主義の広がりと深み」を発見する。個人だけに還元できない質や力を記憶が持つのは、こうした社会の側面にも起因している。個人の記憶力は、社会的枠組みによって抑制されて縮減される一方で、そこから力を得て記憶の豊かさを生み出してもいるのだ。次のアルヴァックスの文章も見てみよう。

喜びの感情は、社会で行為する人間の心の中において、個人的な傾向と社会的な慣習の間に部分的な一致や融合を生じさせる。また反対に、苦痛や拘束の感情は、それらの間に少なくとも部分的な対立を生じさせる。喜びの感情が表現しているように、こうした場合においては、社会的事実がわれわれに課され、われわれを拘束していることが認められる。だが、デュルケームも認めていたように、二重の作用を及ぼさない集合的な実践はないし、社会的な力（forces）は、しばしばわれわれの望む方向にも向けられる。また、いずれにせよ、社会的な力は、他の人々から借り受けた感性の様式や思考の形式のすべてによって、われわれの個人的な存在を増大させて豊かにする。（CS 112=154-5）

このように、社会的な枠組みは二重の作用を個人に及ぼしている。そのため、社会的な枠組みの影響によって、記憶には喜びの感情が伴うこともあれば、苦痛や拘束の感情が伴うこともあるのだ。過去の再構成をめぐるアルヴァックスの議論は、現在と過去、個人と社会を実体的に区別して分断し、片側からの一方的な規定関係のみを強調するようなものではない。両者は相互に影響を与え合い、相互浸透するような関係にある。アルヴァックスは、こうした複雑な記憶現象を一方的な規定関係で単純にモデル化するのではなく、心理学や文学における記憶論も俎上に載せながら精緻に議論している。そこでは決して、過去は現在の主体によって恣意的・一方的に再構成されるなどという単純な議論は展開されてはいない。

ここで着目しておきたいのは、ルソーへの言及である。アルヴァックスは『告白』におけるルソーの想起をたびたび取り上げている。ルソーの想起において生じていることは、過去を客観的に反省して検証することにも、過去をその当時のまま体験し直すことにも還元できない。事態はもっと捩れている。ルソーが想起する記憶のリアリティは、現在における反省と、過去からの持続の意識の両極を往還することによってもたらされているのだ。つまり、ベルクソンにおける想起が社会的な視点を超越するものであるとすれば、ルソーにおける想起は、複数の視点が交錯する想起のあり方を描いていると言えるだろう。そのような想起のあり方は、アルヴァックスも引用する次のルソーの文章で描かれている（CS 103=144-5）。

ボセーを出発してから三十年近くが過ぎたが、少しはまとまった記憶として、そこでの滞在を快く思い出すこともない。けれど、分別の盛りを過ぎて老年にさしかかると、他の記憶が消え去ってしまった一方で、この時の記憶は新しくよみがえってくる。そして、私の記憶力の中に刻み込まれ、その魅力と力は日に日に増してゆく。まるで、人生が逃れ去っていくのをすでに感じているのに、それを初めの方からもう一度とらえようとしているかのようである。
(Rousseau［1782］1891:16=1965 上:34)

老年にさしかかったルソーの想起は、まずは老人の視点に立脚するものだと言えるだろう。だが、事態はそれほど単純ではない。あえて図式的に整理するなら、子ども・大人・老人の視点の違いはそれぞれ、「子ども＝社会化以前の存在」、「大人＝社会化された存在」、「老人＝社会から離脱していく存在」と整理できる。この点からすれば、老人の視点は、子どもの視点に立ち返り過去をそのまま体験し直すものであるとも解釈できるし、老人独自の社会を離脱した視点から過去をノスタルジックに美化して眺めるものだとも解釈できる。しかし、ルソーの想起は、単一の視点にのみ基づくこうした単純な構造を取らない。ルソーにおいては、いわば子ども・大人・老人という複数の視点が交錯しており、それが記憶の複雑な色彩を生んでいる。

子どもの視点のまま過去を想起できるのであれば、当時のあらゆる過去をそのまま体験し直すことが可能であろう。だが、ルソーはすべての記憶を子どもの頃のように再生できるわけではない。このことが意味しているのは、子どもとは別の視点の関与による記憶の選別や意味づけがそこに働いているという事実である。だが一方で、想起される過去は、現在における大人の視点や老人の視点によって一方的に歪曲されているわけでもない。ルソーにおいては、いわば子どもの視点も残存したままである。中川久定が指摘するように、ルソーには、「自分の魂のなかの感情だけは、過去から現在にいたるまで切れ目のない完全な連続をなしているという、そういう非常に強い自覚」（中川 1979:38）が伴っている。だから記憶には、当時の視点から完全に外部の視点に立ってしまえば失われる魅力や力が伴っているのだ。現在と過去の視点は完全に断絶しているのではなく、過去からの持続があるのだ。

ルソーの想起は、現在の視点にのみ基づいて過去を歪曲・操作することでも、過去をそのまま体験し直すことでもない。ルソーの想起は、過去の視点と現在の視点の交錯によって成立している。中川はこうしたルソーの想起の特徴を、「意識の二重化作用」（中川 1979:46）と呼んでいる。それは、「魂の状態、あるいは意識の状態を二重に表現しよう」（中川 1979:45）とする意識のあり方である。中川はこの点に関連して、『告白』のヌーシャテル草稿の前書きの中の次の文章に着目している（中川 1979:45）。

受け取った印象の記憶と現在の感情とに同時に身をゆだねて、私は魂の状態を二重に、すなわち事件が私の身に起こった瞬間と、それを記述する瞬間の両時点において描くつもりだ。（Rousseau, *Manuscrit de Neuchâtel*, 1764）

過去の再構成とは、現在による過去の一方的な書き換えを意味するのではない。だが、過去は現在と無関係にそのまま現象するようなものでもない。それゆえ、過去の再構成のあり方を問うためには、中川の言う「意識の二重化作用」を精緻に記述していかねばならないのだ。それは、過去と現在、個人と社会を往還するような文体によってなされなければならないだろう。『枠組み』の第三章においてゲーテの文学やルソーの自伝が取り上げられているのは、こうした文体を模索するアルヴァックスの試みだと解釈できるだろう。したがって、アルヴァックスによる過去の再構成の議論でこれまであまり注目されてこなかったルソーやさまざまな文学への言及を、こうした観点から改めて検討し直す必要があるだろう。そしてそのことによって、「過去は現在の観点から再構成される」という一見すると分かりやすいテーゼの背後にあるアルヴァックスの考察を、さらに深めていく必要があるのだ。

二　記憶の位置づけをめぐって

本節では、『枠組み』の第四章「記憶の位置づけ（La localisation des souvenirs）」の検討を中心に行うことにしたい。この章が過去の再構成について論じた第三章のすぐ後に置かれていることからも分かるように、「記憶の位置づけ」は過去の再構成と密接に関係している。では、記憶を位置づける（localiser）とはどういうことなのか。アルヴァックスはまず、再認との区別によって位置づけを説明している。

> 心理学者たちは普通、彼らが再認（reconnaissance）と呼ぶものと、記憶の位置づけ（localisation）とを区別する。位置づけるとは、記憶を獲得した瞬間についての観念を持つということである。それに対して、再認するとは、どの瞬間かを言うことはできないけれども、目にする人物や精神を横切るイメージが、以前に自分の前に現れたという感覚を抱くことである。この感覚に上記の観念が付け加えられる時、記憶は同時に再認され位置づけられている。このように、一方では、位置づけられた記憶で再認されていないものはないが、多くの記憶はたんに再認されているだけで、位置づけられてはいない。他方で、位置づけのみが、精神の知的活動を働かせる。なぜなら、時間の中における記憶の位置を見出すためには、反省の努力が必要だからである。反対に、再認は自動的に生じる。たとえば、馴染みがあるという感覚（sentiment de familiarité）は、自分が精通しているある言語の単語を想起すると同時に生じる。また既視感は、イメージ・物・人物などが浮かぶ折に生じるものだが、それは観念ではないし、どんな反省も前提としない。したがって、記憶作用には部分的に推論（raisonnement）が含まれている。ただしそれは、われわれが自らの記憶を位置づける限りにおいてである。（CS 114=159）

ここでアルヴァックスが指摘しているのは、記憶の位置づけこそが記憶作用の本質だということである。「位置づけの始まりではないような再認はない。つまり、再認においては、少なくとも問いかけという形での反省がすでに入り込んでいる」（CS 116=161）とアルヴァックスは述べている。また、上記の引用において見逃してはならないのは、位置づけが推論と密接に関わると指摘されていることである。

たんにイメージを過去のものとして認識する再認とは違い、「記憶を獲得した瞬間についての観念を持つ」(CS 114=159) ことが位置づけの特徴である。つまり位置づけとは、過去を特定の時間の中に位置づけること、出来事がいつ・どこで起きたのかを知ることである。ではなぜ、位置づけにおいて推論が重要になるのだろうか。この点を確認するために、位置づけとは何であるかをもう少し詳しく見ていこう。ジェラール・ナメルは、位置づけの要点を次のように整理している。

記憶を位置づけるとは、探検家が一揃いの地図を組み合わせるのと同じく、意味の格子を組み合わせることである。その点で、「ベルクソンの直観と正反対のものである」努力は推論と似ている。さらに、位置づけるとは、断絶の感覚を常に抱き続けることであり、ある格子から別の格子へと飛び移っていると感じる瞬間のベルクソン的な直観とは正反対のものである (p.123)。位置づけとは、時間や場所という単なる目印を越えて、社会的な意味作用の総体——「日々の関心事、家族の出来事、職業上の関心事、科学的な研究」(p.125) ——の中に身を置く (situer) ことである。(Namer 1994:329)（頁番号は CS の原書頁数に対応）

位置づけは、ベルクソン的な直観とは反対の意味づけの営みである。ここでベルクソン的な直観は、夢のように社会的な枠組みから離脱していく営みとして解釈されている。つまり、ベルクソン的な直観とは、いわば「社会的な意味作用」の外側に出ていくことであり、そこには推論は関与してこない。それに対して位置づけとは、「社会的な意味作用」の中に身を置くことであり、推論という認識作用と密接な結びつきを持つ。アルヴァックスは、位置づけに推論がまったく介入しないというのがベルクソンの立場であると整理し、それに対して位置づけと推論とを深く結びつけるのだ (CS 121=167)。では、推論とはどのような認識作用であり、それは記憶作用とどのように関わるのだろうか。この点についての理解を深めるために、アルヴァックスによるベルクソンの位置づけ論の批判と、彼自身の位置づけの考え方について見ていくことにしよう。アルヴァックスは、次のベルクソンの文章を引用している（CS 119=165）。

ある記憶を過去の中に位置づける過程は、……次のような過程――あたかも袋の中に入り込むかのように、自らの記憶の群れの中に入り込んで、ますます近接する記憶を取り出し、それらの間に位置づけるべき記憶をおさめるという過程――ではまったくない。その場合、いかに幸運な機会にめぐまれたとしても、その数を増し続ける仲介的な記憶（souvenirs intercalaires）をちょうど見つけることなど決してできないだろう。実際には、位置づけの作業は、拡大（*expansion*）という増大する努力のうちに存している。この努力ゆえに、常に全面的にそれ自身に現前している記憶力は、よりいっそう広大な面の上に記憶を拡げていく。そして最終的には、それまでは乱雑だった集積の中に、その居場所を見出せなかった記憶を見分けるに至るのだ。（MM 191=244 強調原文）

ここでまた、先にも見たベルクソンの逆円錐の図を参照しておく必要があるだろう（本書第一章第二節も参照）。上記の引用で位置づけと同一視されている「拡大」とは、夢の方向（底面ＡＢの方向）へと向かう運動のことである。ベルクソンは、底面ＡＢへと向かう運動と頂点Ｓへと向かう運動をそれぞれ、「膨張（dilatation）」と「収縮（contraction）」と呼んで区別している。ここでいう「収縮」とは、逆円錐の図でいえば頂点Ｓという行動の側へと向かう運動であり、潜在的な記憶を現実化（actualiser）する運動である。先にも見た「自発的な記憶力」と「身体の記憶力」は、それぞれイメージと習慣という形に過去を収縮させる運動なのだ。そして「膨張」は、この「収縮」の基盤となる運動として上位に置かれている。ベルクソンは、「収縮」が進むほど記憶が平凡になる一方で、「膨張」が進むと記憶がより個性的なものになると指摘している（MM 188=241）。

　では、なぜ「膨張」の運動が位置づけと同一視されているのだろうか。それは、「収縮」の運動が頂点Sという行動の極に向かうため、「収縮」において個々の人間にとって独自性を持つ記憶はむしろ抑圧されると、ベルクソンが考えているからだ。知覚や行動に合わせて「収縮」を行うように仕向けるメカニズムを、ベルクソンは「生への注意（attention à la vie）」と呼ぶ。「生への注意」の主要な関心事は、生きるうえで有用な認識や行動を行うために記憶の現象を制限することにある。そのため、人生において独自の意義を持つ出来事についての記憶は、「収縮」によっては想起できない。ベルクソンは、「自発的な記憶力」における心像化（過去をイメージの形に収縮すること）について、「*心像化は想起ではない*（*Imaginer n'est pas se souvenir*）」（MM 150=193 強調原文）と述べている。

　ベルクソンによれば、真の意味での想起とは、「まず過去一般の中に身を置き直し、次いで過去のある領域の中に身を置き直すために、現在から身を引き離すという*一種独特の行為*」（MM 148=190-1 強調原文）であるという。それゆえ、想起のために記憶を位置づけようとする努力は、夢の方向へと向かう「膨張」運動と一致するのである。アルヴァックスは、以上のようなベルクソンの議論の構図を念頭に置いたうえで、ベルクソンの位置づけ論の要点を次のようにまとめている。


　記憶を位置づけるとは、支配的な記憶（souvenirs dominants）、「周りで他の記憶が漠然とした靄のようなものを形成するような、紛れもない輝く点」（MM 190=244）を見つけることである。あるいは、記憶が直接に依拠している支配的な記憶を見つけることである。ところで、「これらの輝く点は、われわれの記憶力が膨張するにつれて増加する」（MM 190=244）。したがって、行動から顔を背けて過去へと徐々に再下降していくことによって、われわれはより広大な平面と出会い、記憶がそこに浮かび上がる。それは、夜が深くなるにつれて、より多くの星を見分けられるようになることと似ている。（CS 120=166）

アルヴァックスは上記のようなベルクソンの議論に対して、それだけが位置づけに対する唯一の説明ではないと指摘する。そして、ベルクソンの議論においては、「すべての記憶の中から一つの記憶を見出すという目的のためだけに、われわれがすべての記憶を一目で視野に収めるという前提」（CS 121=166-7）がなされている点を問題視するする。アルヴァックス自身は、位置づけを次のような喩えを用いて説明している。

村の位置を割り出すのに十分なほどの高さに登った観察者を考えてみよう。その人が村を位置づけることが可能なのは、目の前に広がる光景がとても広大であり、そこに多くの細部が含まれていて、それを目にしているからなのだろうか。むしろ、このようにほうぼうを見渡せるがゆえに、細部がちょうど消え去ってしまい、大まかな線だけが浮き出ているからではないだろうか。それゆえ、その人は目の前に図式的な図面を持つことになり、その中に自分が検討できた地図の基本線を見出すのである。だから彼は村を位置づけることができたのだ。また、村を位置づけるというのは、たとえば一連の推論によって、その位置を見出すことではないだろうか。（CS 121=167）

アルヴァックスは過去の出来事を位置づけるという営みを、地図の中で村の位置を割り出す営みに喩えて説明している。ここで重要なのは、位置づけの基盤となる地図が最初から与えられているわけではなく、地図自体を作成していく過程が伴うという点である。この過程は、推論という認識作用と深い関係を持つ。推論とは、既知の判断（前提）から一つの結論を導き出すことであり、推論形式には演繹や帰納などのさまざまなパターンがある。この推論形式のパターンが、上記の引用では地図のあり方に喩えられているわけである。上記の引用では、「ほうぼうを見渡せるがゆえに、細部がちょうど消え去ってしまい、大まかな線だけが浮き出ている」地図だからこそ、村の位置を容易に割り出せると述べられている。すなわち、出来事の位置づけにおいても、それに適した推論形式というものが存在するのであり、推論形式は個人や社会に応じて多様なパターンを取りうるのだ。そして、推論形式に応じて、そこで位置づけられる出来事の形も変化しうるのである。

推論とは、特定の論理に基づいて、出来事を位置づけるメンタル・マップのようなものを構成する営みだと言えるだろう。ここには、過去の出来事についての反省（réflexion）が密接に関わってくる。反省は、「具体的・可感的な事実を観念の形に閉じ込める」（CS 119=169）営みである。アルヴァックスは、反省によって「よく結びつけられた記憶の体系的な総体を見出すこと」（CS 123=169）が記憶作用の本質だと述べている。それゆえ、推論における反省の深度によって、記憶が持つ色彩の深みも変わってくるのである。

ここで重要になるのが、「指標（points de repère）」という概念である。アルヴァックスによれば、それは「推論の言葉のように一方と他方が結びつけられており、過去についての図式的な絵画のようなものを表象している」（CS 123=169）という。指標は、文字通りに訳すならば、「位置を割り出す（repérer）ための点」である。つまり、出来事の意味を問い、それを位置づける際の支点となるのが指標なのである。推論や反省によって指標が形成されるからこそ、出来事を位置づけるメンタル・マップも成立しうるのだ。アルヴァックスは、想起の際に指標から出発することで、「特定の記憶が占める場所を、ますます大きな確信をもって決定することができる」（CS 123=169）と述べている。つまり、指標の存在によって、われわれは出来事の持つ意味を確認することができるのだ。

想起において参照される指標は、特定の出来事である場合もあれば、記憶に特有の意味を帯びさせるような価値観である場合もあるだろう。また、それは個々の人間において異なるが、社会の影響を全く受けないというわけではない。むしろ、いかに私秘的なものに見える指標であっても、他の人々の価値観や判断について推論したり反省したりすることによって、社会の影響を受けている。アルヴァックスは次のように述べている。

おそらく、これらの事実がわれわれ一人一人に及ぼした影響を考慮に入れなければならない。結婚や喪、試験における成功や失敗は、われわれの個人的意識の中に多少なり強い感情を引き起こす。さらに、きわめて内的な出来事がわれわれの記憶力の前面に現れ、輝く記号や曖昧な記号として目にとまり、人生の本質的な分割線や決定的な転換点を示すことさえある。この意味において、個人と同じだけの指標の系列が存在するだろう。そして少なくともこれらの指標は、自分で考え感じることのできる人々を考慮するためのものである。だがその時でさえ、これらの意識状態を見出すためには、それを反省するか、頻繁に反省しておく必要がある。また、他の人々にとっても同様の価値を持つ根本的な分割にそれらを結びつけないということは、まったくありえない。（CS 125-6=172-3）

アルヴァックスは、出来事が思考に刻まれる理由について、「感情的な側面が理由であるというよりは、その外的な結果が理由であることの方が多い」（CS 126=173）と指摘している。ふつうに考えれば、出来事を体験した当時に感じられた感情が強いほど、記憶は思考に刻まれやすいと考えられるだろう。だが、感情の高ぶりという一見すると内的な出来事、自分の性格が深く変容するといった内面的な変化だけが、記憶の意味を決定づけているわけではない。それに加えて、私の振る舞いの変化によって周囲の人々が過去の出来事に対して抱く判断が、出来事に対する私の判断にも跳ね返ってくるのだ。そして、他の人々の判断がなければ記憶が持たないような固定性やある種の客観性が、記憶に加えられることになるのである。「一般的に、集団にとっての指標である時期や場所と関係づける場合にのみ、この種の内的な出来事はわれわれにとっての指標となる」（CS 126=173）と、アルヴァックスは述べている。

以上、記憶を位置づけるとはどういうことかを、推論・反省・指標といった概念とともに説明してきた。次は、位置づけに推論や反省が深く関わることによって、記憶にどのような変化がもたらされるのかについて考察することにしたい。

プルーストのマドレーヌの事例が示しているように、無意志的に想起が行われる場合には、現在の知覚の場面に類似した記憶が喚起されたり、喚起された記憶に隣接する記憶が連動して喚起されたりすることが多いだろう。この場合には、記憶はかつての知覚的場面における印象の再生に近くなる。だが、想起が意識的に行われる場合には、推論や反省という認識作用が深く関与してくる。ここで重要になるのが、推論や反省を行うほど、記憶が特有の捩じれを伴っていくということである。アルヴァックスの次の文章を見てみよう。

> 現在の観念という枠組みの中にわれわれの印象の一つを置き直すたび、枠組みは印象を変化させる。だが今度は、印象が枠組みを修正する。新たな瞬間や場所が、われわれの時間や空間に付け加えられる。集団の新たな様相が、集団を異なる観点から見せてくれる。したがって、絶え間のない再適応の作業によって、出来事が起きるたびに、われわれは昔の出来事の折に洗練された想念の総体へと立ち戻らざるを得なくなるのだ。(CS 135=183)

推論や反省という営みは、現在において支配的な観念にのみ基づいて過去を一方的に再構成することではない。推論や反省は、それが依拠しているはずの枠組みさえもその対象としていく。それゆえ、推論や反省によって過去の印象を捉え直すことで発見された新たな側面が、推論や反省が依拠している現在の枠組みを修正することにもなる。これは「絶え間のない再適応の作業」であり、現在からの一方的な規定関係ではない。つまり、現在の状況に都合のよい記憶だけが呼び起こされることは、推論や反省が続けられるのならばあり得ない。現在に都合のよい歪曲が起こるのは、推論や反省が停止され、固定された視点からしか過去を眺められなくなった時である。

また現在と過去の関係は、過去が現在を決定するという素朴な因果関係でも理解できない。推論や反省によって、過去は新たな視点の下で眺められることになるからだ。それゆえ、「過去の状態が再び現れる理由は、それ自体の中にはないが、それらが今日のわれわれの観念や知覚と持つ関係の中にはある」（CS 141-2=191）ということになる。つまり、記憶の現象の仕方は、推論や反省によって過去と現在の関係がどう思い描かれるのかにかかっているのだ。

以上、アルヴァックスの位置づけ論について検討してきた。そこで確認したのは、過去を想起する前提として記憶を位置づける営みがあるという点と、その営みに推論と反省という認識作用が深く関わっているという点である。だが、アルヴァックスの位置づけをめぐる議論については、いまだに十分な検討がなされていないままである。本書では『枠組み』の第四章を中心的に読解したが、たとえば推論については、『枠組み』の後に論文「推論の集合心理学」（1938）が発表され、集合的記憶論を含む集合心理学という大きな構想の下でさらなる議論が展開されている（Halbwachs［1938］1972）。今後はこうした論文も含めて、記憶作用における位置づけの意味をさらに詳しく検討していく必要があるだろう。

三　「現在主義」解釈をめぐって

本節では、ルイス・コーザーによって定式化された「現在主義」という解釈について検討することにしたい。

コーザーは『枠組み』と『伝説地誌』の英語版抄訳 *On Collective Memory* の訳者であり、アルヴァックスの議論を「現在主義」として紹介し批判している。本章第一節と第二節で行った考察を踏まえるならば、アルヴァックスが現在のみを特権化していないことや、過去の再構成が推論や反省を伴う複雑な認識作用であり、現在と過去を往還することによって成立していることは明らかである。ただ、『枠組み』の前半部の理論的考察についてはまだ研究の蓄積が不十分であるがゆえに、コーザーの「現在主義」という解釈が広く受け入れられていることも事実である。特に日本においては、鈴木智之による『枠組み』の翻訳が二〇一八年に刊行されるまで、『集合的記憶』以外の記憶論の邦訳が存在しなかったために、コーザーの解釈を厳密に検討し直す作業は行われていない。そこで本節では、『枠組み』の結論部における議論も検討の俎上に載せて、コーザーの「現在主義」解釈への批判を行うことにしたい。まずは、コーザーのアルヴァックス解釈について検討し、その問題点を指摘しておこう。コーザーは次のようにアルヴァックスを批判する。

> アルヴァックスにとっては、完全にではないにせよ、過去は主として社会的な構築物であり、現在の関心によって形作られている。彼が『聖地における福音書の伝説地誌』やその他の著作で用いているのは、この**現在主義**(*presentist*)的方法なのだ。アルヴァックスの主張によれば、すべての歴史的な時代において過去の多様な視点がそれぞれ明らかにされる時には、現在の信仰・関心・熱望がその形を決定するのである。(Coser 1992:25 強調原文)

コーザーのアルヴァックス批判は、バリー・シュワルツによる集合的記憶研究に依拠して行われている(Schwartz 1982)。コーザーによれば、シュワルツの議論の要点は、「過去は常に、持続性と変化、すなわち連続性と新しさの混合物である」(Coser 1992:26)という点に存する。つまりシュワルツによれば、過去からの持続と現在における再構成という二つの側面から集合的記憶は論じられねばならない。だが、アルヴァックスは現在における再構成を強調しすぎるあまり、この過去からの持続という側面を十分に論じられていないという。そのため、「現在主義」は歴史を一連のスナップショットに還元してしまい、歴史的な連続性を説明できていないとして批判されているのだ（Coser 1992:26）。コーザーは次のように述べている。

つまり、再びシュワルツに従うなら、集合的・歴史的な記憶には、累積的な側面と現在主義的な側面との両方がある。また少なくとも、現在の観点からの過去の新たな読み替えだけではなく、部分的な連続性も示している。集合的・歴史的な記憶は、社会が今現在において気づいている必要性によって、過去を書き換えることを強いられるだろう。だが、同時代における修正の中にあっても、共通のコードや象徴的な正典を通じて、連続する時代は生きたまま維持されているのだ。（Coser 1992:26-7）

コーザーはこうした観点から、アルヴァックスが「現在主義」でしかないという批判を行っている。そこでコーザーは『伝説地誌』を特に批判の槍玉に挙げ、「彼が自らの主要な経験的研究の対象として選択した場所は、大部分が連続性の欠落によって特徴づけられるものである」（Coser 1992:28）と述べている。

確かに、『伝説地誌』においては、聖地の創造がその都度の現在における政治的な状況に大きく左右されるという議論が展開されている（金 2011）。だが、コーザーによる「現在主義」という批判は、アルヴァックスの記憶論全体に当てはまるのだろうか。英訳において『枠組み』の前半部を抄訳にしたことに典型的に表れているように、コーザーは『枠組み』前半部での議論については十分に論じていない。そのため、「現在主義」に回収できない次元を、『枠組み』の中に探る必要がある。本章第一節と第二節で行ってきたのは、そうした考察である。本節では、

『枠組み』の結論部において展開されている議論の検討を中心に、コーザーの「現在主義」解釈には回収できないアルヴァックスの記憶論の意義を探ることにしたい。まずは、次の文章を見てみよう。

おそらく、社会的思考の中に二種類の活動を区別することになるだろう。一方の活動は記憶作用、すなわち想念から成る枠組みであり、われわれに指標を与え、もっぱら過去に結びついている。もう一方は、理性的な活動であり、社会の現実の状況（現在）から出発する。記憶作用が機能するのは、理性の制御下においてのみだろう。ある社会が自らの伝統を放棄したり修正したりするのは、理性からの要請を満たすためであり、まさにそのような要請が生じる時においてではないだろうか。（CS 290=373）

ここで表明されているのは、理性的な活動と記憶作用とが区別されるということと、記憶作用が理性の制御下において働くということである。だが、ここで図らずもアルヴァックスが述べてしまっているのは、現在における理性的な思考活動には還元できない側面が記憶作用の中に存在するということである。そして、記憶作用が「もっぱら過去と関係があるような想念からなる枠組み」だと述べられているように、それは社会的思考の累積的な側面を体現しているのである。

アルヴァックスは、過去の伝統と現在の理性的な活動とのせめぎあいという図式によって、記憶作用を捉えている。ではなぜ、伝統は屈してしまうのか。現在の理性的な判断に都合のよい形で、過去が書き換えられてしまうのはなぜなのか。その点に関して、アルヴァックスはこう述べている。

なぜ伝統は屈してしまうのだろうか。記憶はなぜ、社会が記憶に対立させる観念や反省を前に退いてしまうのだろうか。自分の現在の状況（situation actuelle）について社会が抱く意識を、こうした観念が表象していると言ってもいいだろう。観念の由来は、あらゆる先入観から解放された集合的な反省、それも、かつて存在したものではなく現在において存在しているものだけを考慮に入れる集合的な反省にある。それは現在である。おそらく、現在を修正するのは困難である。だが、社会が自らの思考の中に記憶作用の枠組みを常に携えている以上、現在において少なくとも潜在的に存在している過去のイメージを変える方が、いくつかの点ではずっと困難ではないだろうか。（CS 290=378）

ここでアルヴァックスが、現在が常に過去に対して優位にあると述べていると解釈するのは早計である。なぜなら、上記の引用のように現在の観念や反省が過去に対して優位に立つ局面を強調する一方で、現在における再構成の思うままにならず、過去がしぶとく生き延びているような状況もアルヴァックスは指摘しているからである。

社会が存立しうるのは、その制度が強力な集合的信念に基礎を置く場合だけである。ところが、そうした信念は、たんなる反省によっては生まれない。いくら支配的な意見を批判しても、それらがもはや現在の状況に応えていないことを示しても無駄である。また、それらの悪弊を示しても、抑圧や搾取に反抗しても無駄である。別の信念を見つけない限り、社会は古い信念を放棄しないだろう。（CS 294=383）

このように、現在における再構成によっては容易に変えることのできない過去の存在を、アルヴァックスも指摘している。つまり、過去が現在に対して力を持つ局面もあれば、現在が過去に対して力を持つ局面もあるということだ。アルヴァックスは、過去からの持続が重要となる場合として、次のような事例についても論じている。この事例は、過去のより深い理解に、過去からの持続が関係していることを示している。

たとえば、ほどよい教養を身につけたフランス人の男性が、イギリスやアメリカのような国が政治に対して抱く考え方を理解するのに困難を覚え、そのような国の憲法をせいぜい言葉としてしか覚えられないのはなぜだろうか。その理由は、彼がそのような法制化の出発点としての一連の偉大なる出来事について何も知らないか、あるいは非常に貧しいやり方でしかそれを知らないからである。また、憲法で定められた権利という想念は、**歴史の光に照らされてはじめて明るみに出る**ようなものだからである。他の多くの想念についても同じことが言える。（CS 282=369 強調引用者）

過去を想起する際に社会的な枠組みが作用することは、これまでの議論においても確認してきた。重要なのは、社会的な枠組みが、現在において支配的で表面に表れている観念だけには還元されないという点である。現在において表層的に目立つ枠組みだけが、記憶作用を規定しているわけではない。いわばその背後に、深層構造として持続する枠組みが控えている場合もあり、それが現在の利害関心だけには還元できない過去の力を支えているのだ。アルヴァックスによれば、「過去の事実は、教訓であり、失われた人物であり、励ましと忠告でもあるのだから、われわれが記憶作用の枠組みと呼んでいるものは、観念や判断の連鎖でもある」（CS 282=369）。それゆえ、この「観念や判断の連鎖」に連ならない人は、過去を表層的に理解することしかできないのである。

このように、アルヴァックスは、記憶作用を現在だけに切り詰めて理解するのではなく、過去からの持続という側面、記憶作用の累積的な側面にも着目していた。それゆえ、アルヴァックスは記憶作用を、過去と現在とがせめぎ合う動態的なものとして捉え、次のように述べている。

結局のところ、その起源がどのようなものであれ、社会的な信念は二重の性格を持つ。すなわち、伝統あるいは集合的な記憶と、現在の知識から生じる観念や規約（convention）とである。（この意味において）社会的思考が純粋に規約的ならば、それは純粋に論理的なものだろう（現在の条件に合うものしか認めないだろう）。たとえわずかの間であろうと集団の全成員を過去へと引き留め、彼らが部分的には昨日の社会の中にいて、それと同時に他の部分では今日の社会の中にいることを可能にするあらゆる記憶を、社会的思考は彼らのもとから消し去ることに成功するだろう。それに対して、社会的思考が純粋に伝統的ならば、それは自らの中にどんな観念も侵入させはしないだろう。ここでの観念とはまさに、社会の古くからの信念とはほんの少しであっても調和しない事実だからである。したがって、いずれの場合においても、現在の条件に対する意識と伝統的な信念への愛着との間に、社会はいかなる妥協も認めない。すなわち、社会はどちらかに完全に溶け込むのだ。（CS 295-6=384）

以上の考察を踏まえるならば、コーザーのようにアルヴァックスを「現在主義」という立場に還元して理解することには、大きな問題があると言わざるを得ないだろう。アルヴァックスの理論は、記憶作用の現在主義的な側面と累積的な側面の双方に目を配ると同時に、両者のせめぎ合いというダイナミズムにも着目する理論なのであり、その点にこそ彼の理論の今日的意義が存在しているのだ。

四　『枠組み』の展開可能性をめぐって

第一章と第二章では、『枠組み』の前半部の理論的な考察を中心に検討してきた。本節では、『枠組み』全体を通して鍵となる「枠組み（cadre）」という概念をめぐる今後の展望について述べることにしたい（時間と空間という枠組みについては、第四章と第五章で重点的に考察を行う）。

アルヴァックスが論じた枠組みは、認識を規定するものであり、経験を組織化する際に人々が準拠するものである。ところで、認識を規定する枠組みの存在に着目したのはアルヴァックスだけではない。ジャン＝リュック・ジリボンは、枠組みという概念について生産的な仕事を成した人物として、アーヴィング・ゴフマンとグレゴリー・ベイトソンの名を挙げている（Giribone 2008:39=2010:51-2）。ゴフマンは、『フレーム分析』において「経験の組織化」の問題を論じており、社会学全般においてアルヴァックスの枠組み論が持つ意義を検討するうえでも、ゴフマンの議論との比較は今後必須となるだろう（Goffman 1974）。また、ベイトソンは、『精神の生態学』に収められた論文「遊びと空想の理論」において、「遊び」といったメッセージの性質に影響を及ぼすメタ・メッセージとして機能するものとしての枠組みについて論じている（Bateson 1972=2000）。ベイトソンは動物の認知との比較によって人間の枠組みの問題を論じているため、ベイトソンとの比較によって、社会的枠組みの「社会的」な部分の内実がさらに明らかになるだろう。

また、ジリボンは名を挙げていないが、枠組みについて先駆的に論じた社会学者として、デュルケームとジンメルの名も挙げておきたい。彼らは明示的に枠組み論を展開しているわけではないが、デュルケームのカテゴリー論とジンメルの形式論は、まさに人間の認識を規定する枠組みをめぐる議論として解釈できるからである。アルヴァックスがデュルケームに師事したことや、アルヴァックスが着任したストラスブール大学にかつてジンメルがいたことを考えても、彼らの議論との比較は、アルヴァックスの枠組み論をさらに深めることにつながるはずである。たとえばジンメルについては、大野道邦によって、アルヴァックスにおける「枠組みの交差」の問題とジンメルにおける「社会圏の交差」とが関連づけられている（大野 2011:109-11）。だが三者の比較研究はいまだ十分なものではなく、さらなる比較研究が必要である。

最後に、以上とは別の理論展開の可能性についても示唆しておきたい。それは、『枠組み』においても言及されているフロイトやベルクソンの議論を、枠組み論の観点から生産的に解釈していく理論展開である。アルヴァックスは、夢と言語活動について論じた『枠組み』第一章・第二章において、フロイトとベルクソンに言及していた。だが、アルヴァックスは基本的に夢を枠組みから離脱する認識として捉えたため、フロイトが論じた夢における過去のデフォルメの問題やトラウマの問題、ベルクソンが夢を記憶作用における積極的な契機とみなしたことの意義などが、アルヴァックスの議論においては見逃されることにもなっている。そのため、これらの点について、ジリボンの研究に即して簡単に展望を素描しておくことにしたい。ジリボンの研究は、フロイトの「不気味なもの」概念とベルクソンの笑い論を枠組みという観点から接合している点で、大きな示唆を与えてくれるからだ。以下ではまず、ジリボンの議論を概観しておこう。

ジリボンは、枠組みによって実在との関わり方が変化する点に着目し、滑稽さと不気味さが表裏の関係にあることを指摘する。そこでまずジリボンは、枠組みが不適切であったり不具合を持ったりすることによって認識が歪められることを指摘し、枠組みの「病理学」というアプローチの重要性を提起している。ジリボンはそこで、不適切な枠組みの強制や、枠組みが独り歩きしていく現象などについて論じている（Giribone 2008:43–6=2010:55–9）。枠組みの「病理学」は、フロイトのいう「不気味なもの」と深く関わっている。ジリボンはこう述べている。

> 不気味なもの（*unheimlich*）という装置が完成するためには、二つのことが必要となる。一つ目は、多様な要素を収集・管理・支配・分類して名づけている枠組みが、機能不全に陥ること。そして二つ目は、その欠落部分から何かが現れるが、それが別の枠組みでも補修された同じ枠組みでもなく、絶対的な外部性であること。この二つのことが必要となる。（Giribone 2008:48=2010:61　強調原文）

このように、「不気味なもの」の出現には、枠組みの機能不全が関係している。それに対し、「滑稽な場面においては、『健全』な枠組みが常に参照軸として維持されている」(Giribone 2008:49=2010:63 強調原文)という。ジリボンによれば、「事物は、それ自体において滑稽なのではない。ある話や行為や状況を枠組みの中に入れるという特別な機能を果たす場合に、事物は滑稽となる」(Giribone 2008:37=2010:50)。

このように、滑稽さと不気味さは枠組みと深く関わっている。では、両者の分岐を可能にしている契機とは何だろうか。それは、「非一体化(non-identification)」と「一体化(identification)」という契機である。ジリボンによれば、何かを滑稽なものとして笑うことは、外部の健全な枠組みに準拠することで成立するという。すなわち、ある枠組みの外に立つこと、枠組みと「一体化」しないことによって、笑いはもたらされる。「喜劇において、われわれは劇の外にいる」(Giribone 2008:51=2010:66)、「喜劇的な効果の前提には、非一体化がある」(Giribone 2008:51=2010:66)と、ジリボンは指摘する。笑いとは、枠組みに入れて固定化されたもの、あるいは、その枠組みに一体化しているものを、外側から眺めることで成立するのだ。それに対して不気味さは、枠組みとの「一体化」によってもたらされるという。

> 人を不安にさせる不気味さ(l'inquiétante étrangeté)においては、現実の変質がたとえ同じ形で現れようとも、その運動を押し止めることができるものは何もない。現実の変質は枠組みに穴を開けることで、最後には観客にまで到達し、観客をその光景の中に引きずり込む……。われわれは主役と一緒になって問いかけ、当惑し、不安になる。そしてついに、主役と一緒に恐怖を味わう危険にさらされる。(Giribone 2008:51=2010:67)

このように、滑稽さと不気味さは、「非一体化」と「一体化」という逆の方向性を持つが、両者とも枠組みに関係しているという点で表裏一体である。だが、ジリボンによれば、フロイトの「不気味なもの」に比べて、笑いの重要性は軽視されてきたという。ジリボンは、粗野で低俗なものとして笑いが軽視されている現状を批判して、次のように述べている。

こうした堕落から、笑いを守らなくてはならない。なぜなら、笑いの機能は本質的なものだからである。笑いは夢の親戚である。笑いは神秘の周辺で開花するが、神秘へと至ることがあるのは熱狂の最中においてである。笑いは、人間的な意味の本質的な弱さを明らかにするが、それを取り除く手段も与えてくれる。なぜなら、この弱さにある空間を与えることによって、理性の縁にとどまりながら意味の崩壊に立ち会うことを可能にしてくれるからである。フロイトを敷衍して、「笑いは不安のネガフィルムである」と言えるかもしれない。だからこそ、笑いを真剣に受け取る必要があるのだ。（Giribone 2008:58=2010:75）

以上、ジリボンの議論を概観してきた。ジリボンは、フロイトの「不気味なもの」概念とベルクソンの笑い論を共に高く評価する。それは両者ともが、枠組みの考察を通じて、人間の認識にとって本質的な問題へと接近しているからである。以下では、ジリボンの議論を踏まえたうえで、フロイトとベルクソンの視点を記憶作用と枠組みの関係をめぐる議論に活かす展望について述べることにしたい。

アルヴァックスが枠組みについて議論する際には、個人の認識をいかに社会的な枠組みが規定しているのか、集団の形成や解体に枠組みがいかに関わっているのか、といったことに焦点が当てられていた。そのため、社会生活からはずれる記憶作用の領域については、必ずしも十分な議論が展開されていなかった。枠組みが解体したり弛緩したりする状態として夢や失語症への言及はあるが、あくまでそれらは記憶作用にとって枠組みが必要であることを証明するために言及されており、ジリボンのように枠組みの「病理学」はアルヴァックスの主題とはなっていなかったのだ。しかし、枠組み論をさらに深めていくためには、枠組みの「病理学」と、その病理を乗り越えるためのベルクソン的な視点を枠組み論に持ち込まねばならない。つまり、フロイト的な視点からの枠組み論と、ベルクソン的な視点からの枠組み論によって、アルヴァックスの社会学的な枠組み論を補強する必要があるのだ。

フロイト的な視点からの枠組み論は、枠組みとの一体化によって生じる病を問う方向へと考察を深めていくのに有効だろう。つまり、枠組みの硬直化によってもたらされるトラウマの問題を考察していくという方向性である。それに対して、ベルクソン的な視点からの枠組み論は、硬直化した枠組みとの「非一体化」によって、社会的な枠組みの外側から生を眺めるのに有効だろう。つまり、枠組みによってこわばった生を柔軟なものへと組み替えていく、あるいは硬直化した枠組みとは別の視点へと記憶作用を開いていくという方向性である。ベルクソンの笑い論は、人間の生にしなやかさや創造性をもたらす記憶作用の次元を問ううえで有効なのだ。また、ベルクソンの夢をめぐる議論も、たんなる枠組みからの離脱として否定的に捉えるのではなく、枠組みを開く運動への着目として評価すべきだろう。人間の記憶力においては、社会的には無意味で役に立たないにもかかわらず、きわめて実在的なものとして現れてくる記憶が存在する。いわば記憶力における「生命の次元」や「無為の次元」を問ううえで、ベルクソンの記憶論は大きな意味を持っているのだ。これらの方向性を具体的なテクストの読解を通じて深めていくことが、今後アルヴァックスの提起した枠組みという概念をさらに深化させていくうえで重要になると言えるだろう。

第三章　「集合的記憶」概念の再考

一 『枠組み』の問題点

これまでの章においては、アルヴァックスの『枠組み』の前半部の理論的な議論を中心に、彼の記憶論について考察してきた。だが、アルヴァックスの記憶論は『枠組み』だけではない。彼は一九二五年に『枠組み』を著した後、一九四一年に『伝説地誌』を発表し、その後死亡するまで一九五〇年に遺稿として出版されることになる『集合的記憶』の草稿を書き続けた。アルヴァックスは少なくとも、一九二五年の『枠組み』から一九四五年の死に至るまで、約二十年のあいだ記憶論と取り組み続けてきたのだ。それゆえ、彼が『枠組み』で提起した論点がそれ以後どのように展開したのか、あるいは、そこで提起されなかった論点をその後の記憶論でどのように扱ったのかを検討する必要がある。

このような検討が必要なのは、これまでのアルヴァックス解釈が、彼の記憶論全体を射程に入れたものとは言い難いためである。これまでの解釈において主に参照されてきたのは、ルイス・コーザーによる「現在主義」(Coser 1992:25) という解釈であり、日本にアルヴァックスの記憶論を紹介した浜日出夫や大野道邦も、コーザーの解釈をもとにアルヴァックスについて論じている。だがこの解釈は、『枠組み』と『伝説地誌』の英語版抄訳の序文において定式化されたものである。そのためコーザーの解釈は、晩年の遺稿から編まれた『集合的記憶』での議論を十分に反映しておらず、全面的に受け入れるのには注意が必要である(本書第二章第三節も参照)。

では、「現在主義」とはどのようなものなのか。「現在主義」は、過去がその都度の現在において再構成されることに着目し、記憶の政治性・構築性を論じていく立場である。この立場では、過去の人物や出来事にまつわる言説、博物館といった空間における過去の表象のされ方などが分析されてきた。たとえば、浜日出夫は展示施設という空間における過去の再構成と想起について論じ、大野道邦は伊勢湾台風や赤穂事件の表象の変遷について論じている

（浜 2002; 大野 2011）。両者に共通するのは、「過去は現在の観点から再構成される」というアルヴァックスのテーゼに着目し、その都度の現在における過去の表象の構築性や政治性を論じることに力点が置かれている点であり、両者の研究は数多くの実証的な集合的記憶研究への道を開いてきた。

だが一方で、「現在主義」的な観点では十分に説明できないことがある。それは、ある主体にとって、特定の過去が真正なものとして現れるのはなぜなのかという点である。つまり、虚構やただの歴史的知識としてではなく、自らに関係のある「記憶」としてある過去が認識されるのはなぜなのかを、「現在主義」は十分に説明していない。ある主体が過去を想起しているとしても、出来事の当事者とは温度差がある場合も考えられる。また、遺物や映像資料などのかたちで過去が生々しく保存されていても、過去を想起する主体がそれほど強い関心を抱いていない場合も考えられるだろう。あるいはそれとは逆に、過去の痕跡が少なくても、当事者と同じくらいの関心をもって過去を想起する主体が存在する場合も考えられるだろう。このような事態がなぜ生じるのかを、「現在主義」はうまく説明していない。確かに、「現在主義」は、過去がいかにして書きかえられたのか、書きかえられた過去の表象はいかなるものかを分析・記述するのには優れている。だが、過去の実在性の問題、つまり過去がなぜリアリティを持つことになるのかという問いには十分に答えてはくれない（本書第一章第六節も参照）。

さらにもう一つ、「現在主義」では十分に説明できないことがある。それは、記憶作用と共同性との関係である。これは、ある過去の記憶を共有することが共同性を生むことにつながるのか、それともはじめから存在する共同性に基づいて過去の記憶が共有されるのかという問いへとつながる問題である。後者の立場をとった場合、共同性は最初から前提とされているため、「集合的記憶」の存在は自明のものとなる。そして、さまざまな媒体において表象されている過去や、人々によって語られている言説が「集合的記憶」として記述されていく。しかし、そこでは「集合的記憶」なるものがあたかも実体として存在しているかのように扱われ、そこで共有されているものの内実や、過去を共有しうる人々とそうではない人々との差異がなぜ生じるようになるかは十分に説明されない。ひどい場合には、あたかも国や地域といったものが実体的な集合的人格として存在するかのような記述がなされ、それで「集合的記憶」なるものが説明されたことになっている場合さえある。当然のことながら、社会学的な記述としてはそれで十分なわけがない。

したがって取るべきは、前者の立場、過去の記憶を共有することが共同性を生むという立場である。だが、ここで問題となるのは、過去の記憶を共有するとはいかなる事態を指すのかという点である。この点を厳密に考察しなければ、結局、記憶作用と共同性の関係の内実は明らかにはならない。「現在主義」は、共同性を所与として置かず、現在における過去の再構成に着目している点で、前者の立場に近いといえるだろう。しかし、過去の記憶を共有するという事態の内実についての考察に関しては、不十分である。

たとえば浜は、「空間のなかに残された痕跡を通して、現在の視点から、過去が再構成されるのであるとすれば、過去を想起する主体は当事者には限られない」（浜 2002:9）と述べている。だが、当事者以外の主体が同じ過去を想起することが可能であるとしても、それが即、人々が同じようなリアリティを感じて過去を想起していること、過去を想起している人々の間に共同性が成立していることを意味するわけではない。そう考えると、空間に保存された物質的な痕跡を通じて、人々が特定の過去を共に想起すると指摘するだけでは、共同性が成立する理由を十分に説明できない。先にも指摘したように、過去の当事者と非当事者の間に温度差が生じる場合があるし、同じ物質的痕跡を前にしても人によって想起の熱量が異なる場合もあるからだ。

たとえば博物館を例にとれば、来場者が全員同じ熱量で過去を想起しているとは考えにくい。経験的に実感できることであるが、熱心に展示に見入り過去を想起する者もいれば、展示に興味はなく所在なさげに辺りをうろつく者もいる。彼らは同じ物質的空間にいて、同じ物質的痕跡を目にしている。それにもかかわらず、このような差異が生じてくるのだ。したがって、空間内の痕跡や過去の表象のされ方を「集合的記憶」と完全に同一視することはできない。人々が過去を共有しうる（あるいは共有できない）機制が、過去の表象のされ方を記述するだけでは明らかにはならないからだ。

このような問題を看過したまま安易に「集合的記憶」という言葉を使用すれば、この言葉はレトリックとしてはうまく機能しても、事態を正確に記述していないままだろう。ともすれば、分析対象を「集合的記憶」とみなしたいという分析者の欲望を反映した陳腐なレトリックに成り下がりかねない。したがって、人々が過去のリアリティを感じる条件、過去を想起することによって共同性が成立する条件について考察し、「集合的記憶」という概念で意味される事態の内実を精緻に記述していく必要があるだろう。だがこの問題は、アルヴァックス自身も『枠組み』においては必ずしも十分に検討していない問題であった。

これまでの章で見てきたように、『枠組み』においては、記憶作用が個体に閉じた認識作用としてではなく、社会的な枠組みの影響を受ける集合的な作用として論じられていた。またアルヴァックスは、主に個人が自らの過去を想起する場面に着目し、そこに社会的な枠組みがどのように関与しているのかを論じていた。そのため、各個人が想起を行う際に社会からどのような影響を受けているのかは記述されていたが、過去が人々の間でいかにして共有され共同性が成立するのかという問題を意識した記述はあまり見当たらない。それにもかかわらず、理論的な考察を行った前半部に続く第五章以降では、「集団それ自体に想起する能力があると見なすことにする」（CS 146=199）という宣言がなされ、そのまま家族・宗教集団・社会階級の分析が行われている。

確かにそこでは、これらの集団が過去をどのように記憶し想起しているのかが、さまざまな歴史研究や文学を参照しながら記述されている。しかし、なぜ記憶作用を通じて共同性が成立するのかという問題には、必ずしも十分な答えが与えられていない。この問題は、過去を想起する能力を持った主体として集団を措定するという飛躍によって、回避されてしまっているのだ。

この飛躍は、前半部の四つの章と後半部の三つの章の記述スタイルの違いにも端的に現れている。その違いとは、個人的な記憶作用（mémoire individuelle）の社会的枠組みに関する心理学的分析と、集合的な記憶作用（mémoire collective）の社会的枠組みに関する歴史学的分析という二つのスタイルの違いである（Namer 1994:31-2）。記憶の社会学は、この心理学的記述と歴史学的記述の間にある断絶を理論的に架橋するものでなければならないだろう。だが、『枠組み』におけるアルヴァックスは、個人の心理的な次元と集団の歴史的な次元がどのように交差するのかについては十分に説明していない。

こうしたアルヴァックスの議論に付きまとう問題点については、当時すでにストラスブール大学の同僚である社会心理学者シャルル・ブロンデルと歴史学者マルク・ブロックらからも批判を受けている。両者の批判は、集団をあたかも実体視しているかのようなアルヴァックスの議論の問題点をさまざまな角度から批判するものであり、晩年の『集合的記憶』における議論にも大きな示唆を与えている。ここでは、ブロックからの批判について見ておくことにしよう[10]。

以下、ブロックからの批判の要点をまとめておこう。ブロックは、個人主義的な記憶論に転換をもたらす『枠組み』の意義を認めながらも、あくまで個人的な現象である記憶作用に、「集合的」という言葉を安易に用いることの危険性を指摘している。ブロックによれば、たとえ記憶作用が集合的な現象であるとしても、その主体を集団という実体に帰してしまうことはできない。「集合的」という形容詞によって、集団が個人と同じような資格で想起をするという単純化をしてしまえば、集団を自明の実体とみなすという危険をおかしてしまう。ブロックは、諸個人の間のコミュニケーションによって記憶が伝達されることへの視点が希薄であるとして、アルヴァックスを批判する。伝達に注目しなければ、自分自身は体験したことのない過去を真正なものとして想起せしめる事態が、どのようにして生じるかが分からないからだ。ブロック自身は、祖父母から孫へと過去が伝達される事例などを挙げて、アルヴァックスを批判している（Bloch 1925）。

では、過去の実在性や共同性の問題は、『枠組み』以降のアルヴァックスの記憶論においても回避され続けてきた問題だったのだろうか。この点について考察するために、次節以降では『集合的記憶』についての検討を行うことにしたい。だがその前に、少し遠回りではあるが、「記憶」という概念についてまずは検討し直すことにしたい。そもそも「記憶」という概念があまりに粗雑に扱われてきたがゆえに、アルヴァックス解釈や「集合的記憶」概念をめぐって理論的な観点からすると玉石混交の議論が大量生産されてきたとも言えるからである。また、「記憶」という概念の含意を吟味することで、『枠組み』から『集合的記憶』へと至る過程での「mémoire collective」概念の変化とその意義が見えやすくなるからである。

二　「記憶」概念の再考

ここで改めて、「記憶」という概念について検討し直してみよう。まず重要となるのは、「記憶作用（mémoire）」と「記憶（souvenir）」という概念の区別である。第一章第一節でも確認したように、記憶作用とは過去を記憶として形象化する作用であり、記憶は記憶作用の対象である。記憶作用は、記憶の獲得（acquisition）・保持（conservation）・想起（rappel）の三段階――現在の心理学においてよく用いられる用語では、記銘・保持・想起――に分けることができる。そして「集合的な記憶作用（mémoire collective）」とは、記憶作用が個体という閉じたシステムに還元できない、集合的な作用であるということを含意する概念であった。これが『枠組み』前半部の検討を通じて明らかにしたことである。

だが、前節において明らかにしたように、『枠組み』における議論では、過去の実在性や共同性の問題を十分に説明できないという難点が存在した。その理由の一つとしては、『枠組み』での「集合的な記憶作用」という概念が、記銘・保持・想起の三段階のうち、特に想起に注目するものであった点を挙げることができる。図式的に整理するなら、記銘・保持の二段階は過去に属するが、想起は現在に属する。想起は、記銘・保持という過去を前提とした現在において行われ、そこで想起される記憶も現在において認識される。それゆえ、記憶作用を分析・記述するうえで、三段階のうち最も記述しやすすのは想起である。それに対し、過去がどのように記銘・保持されてきたのかを記述することは難しい。想起という現在の一場面を切り取ることで、それを想像することができるのみだからだ。しかも、想起は現在のさまざまな状況に影響されて歪められている。

人間の記憶作用は、記銘・保持・想起という一連の連続するプロセスとして捉えられるが、それをコンピュータのようなモデルで捉えることはできない。アルヴァックスが指摘したように、人間にとって記憶は想起されるたびに再構成を受けるのであり、再構成によって記憶は新たに記銘し直される。固定した情報としての記憶が、引き出しのようなものに貯蔵され、それを取り出すという図式で人間の記憶作用を捉えることはできない。想起は、過去の知覚された情報をそのまま取り出すことではないのだ。その意味で、記憶作用は「機械的な記録」とは異なる。機械的な記録であれば、記録した映像を再生することが想起であり、記銘・保持・想起の関係は直線的で単純なものである。確かに人間の記憶作用も、記銘・保持・想起の三段階に図式的に分けることはできる。だが各段階の関係は、必ずしも直線的なものではない。それゆえ、想起された記憶を記述するだけでは、記憶がどのように記銘・保持されたかを説明したことにはならないのだ。

さらに、想起と同じように記銘・保持を分析・記述することはできないという困難もある。想起はその都度の現在において観察可能だが、記銘・保持のプロセス自体を観察・記述することは難しい。どのような記憶が記銘・保持され、その記憶がどのような意味を持っているのかは、それが事後的に想起されることによってしか分からない。とはいえ、想起によって記銘・保持の側まで説明できるわけではない。想起されて現在において可視化されたもの以外にも、記銘・保持されているものの存在を想定できるからだ。

では、なぜこのような困難が生じるのであろうか。それは、記憶作用と想起の差異によるところが大きい。想起が現在においてなされる現実的・可視的な作用であるとすれば、記憶作用は潜在的で不可視な作用までを含んでいる。哲学におけるデュナミスとエネルゲイアという区別に従えば、「記憶（memory）が可能態（デュナミス）であるのに対し、想起（remembering）は現実態（エネルゲイア）である」（野家［2007］2016:138）と言えるだろう（野家のいう「記憶」は、本書での「記憶作用」に相当する）。記憶作用は想起を包摂するが、想起は記憶作用のすべてを包摂することができない。ここに、想起から記憶作用を論じることの難しさがある。確かに、記銘・保持というプロセスを直接に扱うのが困難な以上、比較的見えやすい想起に焦点を当てて分析するのは一つの手段ではあるだろう。だが、その都度の現在における過去の再構成として想起を分析する視点が孕む問題点は、先に指摘した通りである。

そこで、作用という観点以外から「記憶」を考える視点を探ってみることにしたい。「記憶」という概念は果たして、作用だけに還元できるものなのだろうかと問うてみるのである。では、記銘・保持・想起という一連の作用として「記憶」を論じる以外に、どのように「記憶」を記述することができるだろうか。ヒントを与えてくれるのは、日常用語における「記憶」という言葉の使い方である。

日常用語で「記憶する」という場合は、作用としての記憶、そして特にその作用の中の記銘・保持を意味しているだろう。また、「記憶力がある」といった場合も、過去を記銘・保持・想起する能力の高さを意味している。このように、日常用語のレベルでも、記銘・保持・想起という一連の作用や力として記憶を捉える見方は、人口に膾炙したものである。だが本稿で着目したいのは、「記憶に刻まれる」「記憶から消えない」といった表現において「記憶」という言葉が意味するものである。これらの表現は、特定の過去についての表象が、「記憶」なる実在の中に刻まれる、あるいは、その実在の中から消えないという事態を示している。これは一種のメタファーであるから、物質的な容器としての「記憶」というものがあって、そこに過去が保存されているという事態を想定するのは早計だろう。ここで言われている「記憶」とは、そこに過去をしまいこんで自由に出し入れできる「引き出し」のようなものではない。つまり、物質的な情報の引き出しとしてモデル化された脳とは同一視できない。それは物質を記述するようにはいかないのである。個人だけではなく集団のレベルでもこうした表現が使用されることからも、このことは明らかだろう。

では、ここで「記憶」と言われているものはどのような実在なのだろうか。この点について考察するために、ポール・リクールの議論を補助線として参照することにしたい。リクールはアルヴァックスと同じくmémoireとsouvenirを概念的に区別して使用している。リクールはmémoireを能力や活動として、souvenirを一種のイメージとして定義し両者を区別する。そしてその上で、mémoireという概念には極めて「私的な（privé）」性格が備わっていることを指摘し、この性格を示す特徴を三つ挙げている。第一の特徴とは、次のようなものである。

第一に記憶作用（mémoire）は、根本的に単数だと思われる。私の記憶（souvenirs）は、あなたの記憶ではない。ある人の記憶を、別の人の記憶作用の中に移すことはできない。記憶作用は私のものとしての資格を持つため、主体が体験したあらゆる経験にとって、私有性、私的所有を示すモデルである。（Ricœur 2000:115 =2004:162）

この引用からも分かるように、記憶作用（mémoire）と記憶（souvenir）は、記憶作用の中に記憶が含まれるという関係にある。それゆえ、ある記憶作用の中にある記憶は、その記憶作用の主体にとっては自らのものとして認識される。だが、別の記憶作用の中にある記憶はそう認識できない。リクールが記憶作用を「根本的に単数」と述べているのは、記憶作用が持つこうした性質を表現するためである。では次に、記憶作用の私的な性格を示す第二の特徴を見てみよう。

> 次に、記憶作用の中には、意識と過去との本来的な紐帯があるように思える。記憶作用は過去についてのものであり、その過去は私の印象についての過去である。……その意味で、この過去は私の過去である。この特徴によって、**記憶作用は人格の時間的な連続性を保証する**。また、この面によって、先にわれわれが困難と罠に直面したあの自己同一性を保証するのだ。この連続性のおかげで、生きられる現在から幼年時代のはるか遠くの出来事までを、われわれは切れ目なく遡ることができる。一方の記憶は、意味の色々なレベルに、場合によっては裂け目によって分離された群れへと、分配・組織される。他方の記憶作用は、**時間を横断し遡る能力**（capacité）である。原則として、この運動を切れ目なく続けることを禁じるものはない。複数の記憶と単数の記憶作用、分化と連続性が接合するのは、主として物語（récit）においてである。このようにして、今と異なる時期に諸々の出来事が起きたのだという感覚を抱きつつ、私は自分の幼少期と関わるのだ。そして今度は、この異他性（altérité）が、時間間隔の分化する係留地としての役割を果たす（歴史は、年代順の時間を土台にして、この分化に取り組んでいる）。いずれにせよ、想起された過去の諸瞬間を区別する要因が、思い出された過去と現在との関係における主要な性格——時間的な連続性と、記憶の私有性とを知るという性格——を、どれ一つとして損なうことはない。（Ricœur 2000:116=2004:162 強調引用者）

ここで着目すべきは、記憶作用が「人格の時間的な連続性」「自己同一性」を保証するという点である。この性質ゆえに、記憶作用によって、分化していく記憶をある時間的な連続性へと組織していくことができ、記憶を自らに関係のあるものとして想起することが可能になる。つまり記憶作用は、ばらばらな記憶を特定の人格の時間的な連続性へと組織していくもの、あるいは記憶が組織された総体を示すものなのだ。最後の第三の特徴も見ておこう。

最後に三番目の特徴であるが、時間の経過において、それが向かう方向は記憶作用と結びつけられる。その向きは二つの方向に分かれる。一方は、後方からの推力によって、いわば変化の時間の矢にしたがって、過去から未来へと向かう方向である。もう一方は、生き生きとした現在を経て、期待（attente）から想起へと移動するという反対の運動にそった、未来から過去へと向かう運動である。（Ricœur 2000:116=2004:162-3）

以上、リクールが挙げる記憶作用の三つの特徴を概観してきた。この第三の特徴についての議論からも明らかなように、リクールの議論が示唆しているのは、記憶作用というものが時間と密接に関わる概念だということである。記憶作用は、時間に特定の方向づけを与え――過去から未来へ、そして、未来から過去へ――、時間的な連続性を成立させる。そして、この時間的連続性によって、記憶は分化していくことなく、互いに有機的な連関を形成することになる。そしてそのことが、過去を想起する主体の人格の連続性を保証することにもつながり、記憶作用と人格とを密接に結びつけることになる。それゆえ、ある記憶作用の中に位置づけられた記憶は、現在と時間的に連続するものとして、主体の人格と密接に関わるものとして認識されることになるのだ。

本書ではこの議論を敷衍して、記憶作用が、人格の時間的な連続性それ自体としても捉えうると考えてみたい。つまり、時間的な連続性を成立させる契機としてだけでなく、連続する時間そのものとして、時間的な実在として記憶作用を捉えてみるのだ。このような捉え方は、常識的な記憶理解とも決して乖離していないと思われる。先に例に挙げた「記憶に刻まれる」「記憶から消えない」という表現について、もう一度考えてみよう。ここで言われている「記憶」を、「特定の人格に結びついた時間」として捉えてみるのだ。これらの表現はしばしば、特定の過去が「記憶」へと刻まれ、消えない事態を表現するために使用される。過去は、自らがその中に包摂される時間の中にあるがゆえに、主体はその過去から距離をとって逃れることができない。このような時間を主体が表象しているからこそ、過去それ自体のリアリティや、過去と想起主体の密接な関係のリアリティが感じられるのではないだろうか。

記憶作用とは、現在の想起主体と過去との間に時間的な連続性を打ち立てる契機、あるいは、その時間的な連続性それ自体である。なぜなら、記憶作用によって複数の記憶が特定の時間の中へと統合され、時間的な実在としてのまとまりを成すからだ。このように考えるならば、なぜ人が特定の過去に対してリアリティを感じるのかという問題、過去の実在性の問題に対して一定の解答を与える道筋が見えてくる。過去の記憶が現在においてどのような形で再構成されているかを論じるのみではなく、その基底にある時間の問題を考察していくことによって、なぜ人が特定の過去にリアリティを感じるのかを明らかにしていくのである。以下では、この時間的な連続性という観点から「記憶」という概念についてさらに掘り下げていくことにしよう。

三 記憶作用と時間——自己と時間の観点から

ここでは、時間的な連続性という観点から記憶作用について考察することにしたい。記憶作用において想起される記憶は、現在とは異なる「過去」として想起される。つまり、想起を行う現在の主体と想起される過去の記憶との間には、断絶が存在する。記憶は、現在とは異なるもの、現在において不在のものとして認識される。この時間様相の区別によって、現在における知覚物と同じ資格で手に入れたり触れたりすることができないものとして、記憶は独特の実在性と価値を持つことになる。逆説的ではあるが、不在であり現在においては失われているからこそ、現在との断絶を感じさせるからこそ、記憶は価値を持つ。

だが一方で、現在と過去という時間様相の区別のみでは、なぜ過去が記憶としての意味を持つのかは分からないままだろう。そこで重要になるのが、現在の想起主体との間に時間的なつながりを持つと認識された過去が、記憶として想起されているという事実である。当然のことであるが、すべての過去が想起されるわけではないし、想起された過去のすべてに意味が感じられているわけではない。過去の歴史に関する知識や自分と無関係の他人のエピソードは、たんなる知識やイメージとして想起されるに過ぎないだろう。それらは確かに過去として認識され、現在において想起されている。だがそれらを、自らに関係のあるもの、意味のあるものとして主体が想起しているとは言えない。一方で、自らの幼少期におけるエピソードを、人はしばしば感動をもって想起する。それは、その過去が現在想起している私と何らかの時間的なつながりを持つと認識されているからである。たとえば、「あの過去のおかげで今の私が…」「あの過去のせいで今の私は…」といった形で過去と現在の時間的つながりを認識するからこそ、過去は「良い記憶」や「嫌な記憶」として現在において想起されうるのだ。この時間的つながりは多様な形態をとりうるが、それなくして記憶の実在性や価値は成立しえない。

松島恵介は、想起におけるこのような事態を、「〈過去の私〉から〈現在の私〉へという『変化』があった。しかしそこには〈私である〉ということが『持続』している」（松島 2002:109）と表現している。したがって記憶とは、「われわれのなかでわれわれとともに変化しつつ持続する時間的存在である」（松島 2002:155 強調引用者）。松島によれば、この時間的存在としての記憶が成立するためには、「持続と変化の間に一定のバランスがある」（松島 2002:137）ことが必要だという。そして、この持続と変化という二重の時間性によってしか自己というものは成立しない。松島は、一般的に言われる「記憶力」の強い・弱いという区別を、この二重の時間性によって説明している。

> 記憶力がないようにみえる人物は、持続もしくは変化の相が非常に優位なのであり、記憶力があるようにみえる人物は、持続と変化の間に一定のバランスがある（もちろん、ここでいう『一定のバランス』がどのようなものなのか、今後解明する必要があるが）。さらには次のようにいうこともできるだろう――一般的にいわれる「記憶力の弱いひと」は必ずしも「記憶力の弱いひと」なのではなく、「変化に富むひと」（持続性の弱いひと）か「持続性の強いひと」（変化の少ないひと）であるという可能性がある、と。（松島 2002:137 強調原文）

忘却が生じるのは、持続と変化という二重の時間性を両立できなくなった時である。松島は、全身の筋力が低下するという身体的疾病を経験し、その後に元の健康状態へと回復した人物を、持続の欠如した事例として分析している（松島 2002:110–21）。この事例の特徴として松島が指摘するのは、「その当時に起きた出来事の記憶はあるものの、その感覚・感情は思い出すことができない」（松島 2002:114 強調原文）ということである。この事例においては、身体において急激な変化が生じたことで、疾病時と回復後で大きな断絶が生じ、持続を感じられなくなってしまっている。つまり、「大きな『変化』が生じたことによる『持続』の欠如」（松島 2002:117）が生じているのだ。

では、なぜこの人物は疾病当時の感覚・感情を想起することができないのだろうか。それは、身体のレベルにおいて「過去の私」と「現在の私」との間に大きな変化・断絶が生じ、両者の間に時間的なつながりとしての持続を感じることができないからだ。そのためこの人物は、「過去の私」を漠然と認識することはできても、それを現在の自己に関係のある存在とみなし、感情移入することができない。「過去の私」に感情移入をし、当時の感覚・感情を想起するためには、変化と持続が両立することによって、「過去の私」が「自己的かつ他者的な存在」（松島 2002:121 強調原文）となる必要がある。だがこの人物においては、疾病時の「過去の私」は、「感情移入できる程度の他者的な存在でもなく、そうした存在以上に遠いもの」（松島 2002:121）となってしまっている。それは、持続の欠如によって、「『過去の私』の他者性が過剰になった状態」（松島 2002:136 強調原文）がもたらされるためである。

また松島は、持続の欠如が、身体における変化・断絶のみによってもたらされるわけではないことも指摘している。松島は、精神的な変化――失恋をした後、まったく新しい恋愛をすることで、過去の恋愛との間に断絶が生まれる――によってもたらされる持続の欠如についても分析している（松島 2002:121-30）。この事例においては、ある女性がかつての恋愛を想起する時の「実感のなさ」に焦点が当てられている。松島によれば、「彼女は、いわば『私が関わった出来事』自体は覚えているものの、『その出来事に関わった私』を忘却している」（松島 2002:129 強調原文）という。これは、かつての恋愛をしていた頃の私と、新しい恋愛をしている私の間に大きな変化・断絶がもたらされるために、「過去の私」と「現在の私」とを時間的に結びつけることが困難になったためである。

このように、身体的にせよ精神的にせよ、過去と現在との間に急激な変化がもたらされることが持続の欠如の要因となる。では、反対の場合、変化が欠如した場合にもたらされる忘却とはどのようなものだろうか。松島は、これに該当する事例は現実的には非常に考えにくいとして、以下のような思考実験を行っている。

ごく普通の五歳の子どもがいるとする。彼の親は、彼の五歳の誕生日の様子を「あの日の出来事」と題する過去形の文に表し、それを翌日から毎日一回、正確に彼に想起させ続けていく（彼の「記憶力」に多少問題があるならば、一時間に一回、それでも駄目なら一分に一回でもよい）。こうして十五歳になった彼は、間違いなく五歳の誕生日の出来事を語ることができるだろう。ただしこの時、彼が本当に想起しているといえるだろうか、という思考実験である（松島 2002:132-3）。

この思考実験における子どもは、同じ出来事を同じ形で——「あの日の出来事」と題された過去形の文の形で——語り続ける。そのため、彼は一字一句違わず「暗誦した状態で」それを語れるようになる。これは、過去の想起というよりは、「毎回自動的に同じ情報を反復している」（松島 2002:134）と言ったほうがよい。松島は、次のように述べている。

> ここには「思い出されるべきこと」はない。それは、思い出されることなしに、いつもそこに在るようなものなのである。それは、彼自身に身体化された運動のようなもの、すなわち、「常に在る」ものになっているのである。このことは、彼は「もはやない過去」をもはや語れない、ということを意味している。（松島 2002:134 強調原文）

松島は、これを持続の欠如とは違う忘却、変化の欠如による忘却として捉えている。松島によれば、変化の欠如による忘却は、「時間そのものの忘却」（松島 2002:134 強調原文）である。そのため、この思考実験における子どもの語りには、「時間性の欠如、過去感の欠如」（松島 2002:134）が生じるのだ。変化があるならば、「あの日」として想起される際の「あの」という言葉には、それぞれの想起時点までの時間的変化を含意した意味の変化が見られるはずである。しかし、この思考実験のケースにおいては、「その反復の過剰性の故に、『あの日』という語句を、単に反復されるだけの記号へと貶めていく」（松島 2002:135）ことになる。それゆえ、「過去の私」も同様に、単に反復されるだけの記号と化し、「過去の私」と「現在の私」の間の差異が消失していく。つまり、この事例においては、過去から現在へと至る変化が欠如しているのである。

松島によれば、変化の欠如した状態とは、「『過去の私』の自己性が過剰になった状態」（松島 2002:136 強調原文）である。すなわち、変化が欠如するということは、過去が「現在の私」と過剰に一体化されてしまい、過去と現在という時間様相の区別を認識できなくなる状態なのだ。このような存在が認識するのは、ただ現在のみである。時間様相の区別が成立しないがゆえに、過去はたんなる記号的な知識と区別できなくなり、無機質なものとして想起されてしまうのである。それゆえ、過去と現在の時間的なつながりを認識できたとしても、そこに変化という要因がないならば、過去は記憶になりえないのだ。

このように、記憶作用とそこで想起される記憶は、時間と密接に関係している。記憶作用は、持続と変化という二重の時間性を含みこんで成立し、この二重の時間性の微妙なバランスによって、記憶のリアリティがもたらされている。だが、本節において主に考察したのは、あくまで個人的な次元にとどまる記憶作用の問題である。自己の範囲を越える過去の問題、集合的なレベルでの記憶作用は、時間という観点からどのように論じることができるだろうか。次節では、『集合的記憶』におけるアルヴァックスの議論の再検討を通して、この問題について考えることにしたい。

四 〈集合的記憶〉と歴史

晩年の『集合的記憶』第三章のテーマは、時間の問題である。アルヴァックスはそこで、集合的なレベルでの記憶作用という以上の含意を「mémoire collective」という概念に組み込んでいる。そこで注目すべきなのは、

「mémoire collective」が「連続した思考の流れ（courant）」（MC 131=88）[11]と定義されている点である。

この定義は、ウィリアム・ジェームズの「思考の流れ（stream of thought）」やベルクソンの「持続（durée）」という概念を意識して使用されている（MC 190-1=159-61）。このことが意味するのは、「流れ」という表現が、何よりも時間的な連続性を表現するメタファーとして使用されているということである。つまり、『集合的記憶』においては、「複数の記憶が集合した時間の流れ」という含意を込めて「mémoire collective」という言葉が使用されている。そこで以下では、『枠組み』における「mémoire collective（集合的な記憶作用）」概念と差別化するために、『集合的記憶』でアルヴァックスが使用する「mémoire collective」という概念を、〈集合的記憶〉と表記して使用することにしたい。[12]

ところで、アルヴァックスは「連続した思考の流れ」としての〈集合的記憶〉について論じるうえで、歴史と対比することによってその特徴を明らかにしようとしている。そこで以下では、第二章「〈集合的記憶〉と〈歴史的記憶〉」の読解を中心に、アルヴァックスの〈集合的記憶〉概念について考察していくことにしたい。第三章「〈集合的記憶〉と時間」については、この考察を経たうえで、次章において詳細に検討を行うこととしよう。

アルヴァックスは、「集団を外部から眺め、かなり長い持続を視野におさめる」（MC 140=98）ものとして歴史を定義したうえで、〈集合的記憶〉を次のように定義している。

> 人間の平均寿命を越えず、多くの場合それよりもはるかに短い期間において、内部から見られた集団こそが〈集合的記憶〉である。問題となっているのは過去なのだから、[13]〈集合的記憶〉が集団に対して描き出すのは、継起するイメージの中に集団が自らの姿を認められるような仕方で、時間の中で展開する集団それ自体を描いた絵画である。（MC 140=98）

〈集合的記憶〉と歴史を区別するのは、そこに関わる主体が、集団をどのような視点から眺めているかの違いである。歴史が「集団を外部から眺める」ものであるのに対して、〈集合的記憶〉は「内部から見られた」ものである。この内部・外部という区別は、過去を思い出す主体が、時間の連続性を感じているかどうかを基準になされている。アルヴァックスの次の文章を見てみよう。

> 個人であれ集団であれ、思い出す主体が、**連続して運動している自らの記憶にまで遡っていると感じる**ことが記憶作用（mémoire）の存在に必要な条件だとするなら、はたして歴史が記憶作用であるなどと言えるだろうか。というのも、歴史を読む社会と、歴史に結びつけられた出来事のかつての証人や主役だった集団との間には、**断絶**があるからである。
> （MC 130-1=87 強調引用者）

過去の記憶へと遡る記憶作用が成立するためには、想起主体が「連続して運動している自らの記憶に遡っていると感じる」ことが必要である。だが多くの場合、歴史とそれを想起する主体の間には「断絶」がある。そのため歴史における過去は、記憶としてのリアリティを持たない。先に検討した松島の議論を踏まえて言えば、歴史には変化があるが持続（過去と現在との時間的なつながり）がないのだ。それゆえ、いくら精密に事実が歴史に記述されていたとしても、想起主体は過去との断絶ばかりを感じてしまい、過去にリアリティを感じられないのである。

アルヴァックスは〈集合的記憶〉を、「類似を描いた絵画（tableau des ressemblances）」（MC 140=98）に喩えている。それは、別の時期に起こった出来事についての記憶が、同じ〈集合的記憶〉という時間的な流れに位置づけられることで、その間にある類似性が強調されるようになるからだ。アルヴァックスは、「類似がなければ記憶力はありえない」(MC 137=95) と述べている。それは、「われわれが事実を思い出すのは、事実が同一意識に帰属するという共通点を持つから」(MC 137=95) だとアルヴァックスが考えているためだ。

それに対して歴史は、「変化を描いた絵画 (tableau des changements)」(MC 139=97) に喩えられている。歴史は、各時期に起きた出来事を証拠に基づいて緻密に描き、それぞれの出来事の因果関係を明らかにすることができる。だが一方で歴史は、過去と現在との間にある類似、両者の時間的なつながりを十分に担保することができない。歴史は、〈集合的記憶〉なしでは十分な力を持たないのだ。

アルヴァックスによれば、歴史には、深い学識を要するがゆえに少数者のものに留まる側面と、〈集合的記憶〉に利害関係のある過去を保持していくという側面とが存在する (MC 131=88)。過去と現在との時間的なつながりが意識され、〈集合的記憶〉が成立しているならば、歴史はそれぞれの想起主体にとって有意味な資源となるだろう。だが、〈集合的記憶〉が成立していない時、歴史に記述された過去は、想起主体にとっては逆に断絶を感じさせるものとなるだろう。歴史に記述された過去が精密であればあるほど、専門家ではない人間にとっては現在との差異や変化ばかりが目立ち、断絶を感じることになる。だが、〈集合的記憶〉が成立しないということは、過去と現在との時間的なつながりが絶たれるということを意味している。それゆえ、時間的な連続性に断絶がもたらされて過去が意味を失いつつある場合には、過去を「書くことによって一貫した叙述へと固定する」(MC 130=86-7) ことが、つまり歴史が要請される。しかし、歴史はあくまで「変化を描いた絵画」であり、「類似を描いた絵画」である〈集合的記憶〉のように時間的なつながりの意識をもたらすことができない。時間的な連続性としての〈集合的記憶〉が成立していなければ、過去のリアリティは感じられなくなってしまう。

このように、アルヴァックスは〈集合的記憶〉と歴史を厳格に区別した。だが注意が必要なのは、〈集合的記憶〉と歴史の区別は、決して実体的な区別ではないということである。それは、両者が同じ「歴史」という語によって定義されていることからも明らかである。アルヴァックスは、〈集合的記憶〉を「生きられた歴史（histoire vécue）」（MC 105=56）、「生きている歴史（histoire vivante）」（MC 113=66）とも定義する。それに対して歴史は、「学ばれる歴史（histoire apprise）」（MC 105=56）、「書かれた歴史（histoire écrite）」（MC 113=66）と定義されている。つまり両者は、個人だけに還元されない過去という点での共通性を有するが、想起主体との関わり方において区別されている。たとえばアルヴァックスは、「われわれの記憶力が依拠するのは、学んだ歴史ではなく、生きられた歴史なのである」（MC 105=56）と述べている。次のアルヴァックスの文章も見てみよう。

> 歴史は過去のすべてではない。また、過去から存続するもののすべてでもない。書かれた歴史のほかに、時間を通じて永続し更新される、生きている歴史があると言ってもよいだろう。われわれは、生きている歴史の中に、表面上だけしか消え去りはしなかった昔の流れの大多数を見出すことができる。そうではないとすれば、われわれは〈集合的記憶〉について語る権利を持つであろうか。また、剥製にされた歴史的・非人格的な想念の状態でしか存続していない枠組みが、われわれにどう役立つというのだろうか。（MC 113=66）

ここでアルヴァックスが「生きている歴史」という言葉で意味しているのは、出来事や日時のたんなる年代的な継起の羅列ではない。それは、「ある時期を他の時期と区別させるものすべて」（MC 105=56）、「書物や物語がきわめて図式的で不完全な描写しか与えられないものすべて」（MC 105=56）である。つまりそれは、書かれ学習される歴史に留まらない、人々が生きてきた過去である。ただしこの「生きている歴史」は、「剥製にされた歴史的・非人格的な枠組み」によってしか支えられなくなった時、つまり専門家のみに通じるような「客観性」といった指標によって無味乾燥に過去が処理されるだけになった時、たんなる抽象的な知識としての「書かれた歴史」に堕してしまう。それは知識としては無制限に書かれ、覚えられることもできるだろう。だが、その過去は現在との時間的なつながりを持たない抽象的な知識に過ぎない。

こうした「生きている歴史」と「書かれた歴史」の区別が持つ意味を、心理学におけるエピソード記憶（episodic memory）と意味記憶（semantic memory）の区別に重ね合わせて考えてみよう。これはあくまで個人的な記憶現象において適用されている区別ではあるが、個々の人間において記憶がどのような形態のもとで現象しているのかを問うことには意味があるだろう。というのも、「〈集合的記憶〉が人間の集合に支えられているということによって力と持続を引き出しているのだとしても、集団の一員として想起しているのは個々の人間である」（MC 94=43）と、アルヴァックス自身も認めているからだ。〈集合的記憶〉の成立を問ううえで、個々の人間がどのように過去を受け止めているのかを十分に検討しなければ、安易に集団や「集合的記憶」というものを実体視してしまうことになりかねない。

エピソード記憶と意味記憶の区別は、エンデル・タルヴィングによって提起された区別である。ここでは、井上毅による整理をもとに、本書の考察に関連する範囲でこの区別が持つ意味について検討していくことにしたい。一般的には、エピソード記憶が経験された出来事についての記憶であり、意味記憶は一般的な知識としての記憶であるという区別がされている。こうした区別がなされるのは、両者における情報の特性に違いがあるためだ。意味記憶における情報の特性としては、情報が理解されていることが必要であること、事実・観念・概念といった単位によって情報が概念的に体制化されていること、世界が情報の指示対象になっていることなどが挙げられる。それに対して、エピソード記憶においては、知覚的に同質的な場において何か異質的なものに対する単純な感覚作用が働くことで情報が登録されること、事象やエピソードが情報の単位になっていて時間的に体制化されていること、自己が指示対象になっていることなどが情報の特性である（井上 2011:70-2）。

ここで重要になるのは、エピソード記憶に時間の体制化が伴う点と、それが自己を指示対象としているという点である。この性質ゆえに、エピソード記憶には「過去経験の自己——理解的意識性（autonoetic awareness）」（井上 2011:73）が伴っており、それを研究することが重要なテーマとなる。つまりエピソード記憶における過去は、時間と自己理解というものに密接に関わっている点で、具体性をもって現れる。それに対して意味記憶における過去は、主観的な時間意識や自己理解とは無関係に想起される抽象的な過去として、あるいは過去という性質さえ持たない抽象的な知識として現れる。この二つの記憶の違いは、情報の特性や認識のされ方から考えると、これまで検討してきた〈集合的記憶〉と歴史における過去の現れ方の違いに重ね合わせることができるだろう。

ただし〈集合的記憶〉において想起される過去には、自らが体験したことがない他者の記憶や集団の記憶も含まれている。これらは、自己を指示対象とはしていないという点からすれば、意味記憶に過ぎないものになるだろう。だが、たんなる抽象的な知識ではない形で他者や集団の過去が想起されていることもある。それがアルヴァックスのいう「生きている歴史」としての〈集合的記憶〉であった。こうした事態を、エピソード記憶・意味記憶の区別からどのように説明することができるだろうか。そこで本書では、次のような命題を提示しておきたい。それは、「〈集合的記憶〉は、他者や集団のエピソード記憶を、自己のエピソード記憶と同じ資格で想起することである」という命題である。〈集合的記憶〉が「類似を描いた絵画」として定義されているのは、他者や集団のエピソード記憶をまるで自分のエピソード記憶であるかのようにして想起し、類似した「われわれ」であるという意識が自己にもたらされるからに他ならない。

では、こうした「生きられる歴史」としての〈集合的記憶〉において、過去はどのように現れてくるのだろうか。アルヴァックスは自分自身の過去との関わり方を例に挙げ、「生きられる歴史」としての〈集合的記憶〉について記述している。それは、女中との関わりによって、自分の誕生以前の過去（アルヴァックスは一八七七年生まれである）を想起する場面についての記述である。

一八七〇年の戦争・コミューン・第二帝政・共和制などについて、私が知り理解できたことのほぼすべてが、年老いた女中が話して聞かせてくれたことによるものであった。彼女は迷信と偏見の塊といってよく、民衆の想像によって描かれたこれらの出来事や体制についての光景を鵜呑みにしていた。彼女から伝わってきたのは混乱した噂であった。だがそれは、農民や労働者や平民の間に伝播している歴史の渦巻き（remous de l' histoire）のようなものであった。私の両親は、彼女の話を聞いて肩をすくめていた。だが彼女の話を聞いている時、私の思考は、出来事そのものではないにしても、少なくとも出来事によって揺り動かされた人々の場（milieu）の一部には達していた。今日でもなお、私の記憶力は、私の最初の印象と同時に、幼少期におけるこの最初の歴史的な枠組みを想起する。いずれにせよ、私の生まれる少し前に起こった出来事を最初に思い浮かべたのは、こうした形においてである。私は現在では、これらの物語がかなり不正確であることは認めている。だが、当時はこの波立つ流れに身を傾けたのであり、そしてまた、こうした混乱したイメージの一つならずが、その形を変えながら私が持つ昔の記憶のどれかを枠づけるのは止められない。（MC 111=63 ヴァリアントあり）

ここでアルヴァックスは、その都度の現在において再構成される受動的な客体としての過去ではなく、現在へと持続する過去のあり方を論じている。この過去を想起しているのは大人になったアルヴァックスであるが、彼はその過去を大人の視点から相対化しきることができないでいる。大人となったアルヴァックスは、もはや女中の話を信じ込んでしまうような無邪気な子どもではない。だが彼は、当時の両親たちのように女中の話をたんなる迷信や偏見として退けることもできない。なぜなら、彼は女中の語りの中に「歴史の渦巻き」を感じ取ったからであり、女中と自分が共に語り生きた場が、「出来事によって揺り動かされた人々の場の一部」とつながっていると感じていたからである。

では、なぜこのような事態が成立するのだろうか。アルヴァックスはそれを、出来事それ自体についての知識の問題としてよりも、それを体験した人々の感性を分有するという問題として捉えている。アルヴァックスの次の文章も見てみよう。

> 私がロマン主義の最後の動き（vibrations）を知ったのは、私が折りにつけ祖父母と共に形成したり、再形成したりした集団の中であったように思えてならない。ロマン主義ということで私が理解しているのは、たんに芸術や文学の運動だけではなく、ある特殊な感受の様式である。それは一八世紀末の敏感な魂の傾向とは混同されないが、そうした傾向とまったく明確に区別されるものでもない。その一部は第二帝政時代の軽薄さの中に分散してしまったが、遠く隔たった地方では疑いもなくより強く存続していたものである（まさにそこで私は、その最後の痕跡を見出したのである）。
> （MC 114=67 強調引用者）

客観的に精査できる証拠をできるだけ集め、ある出来事がいつ・どこで起きたのかといったことや、出来事の詳細を精緻に記述することはできるだろう。また、その精緻な記述を読んで、出来事について当事者以上の知識を得ることもできるかもしれない。上のロマン主義の例で言えば、ロマン主義に関連する資料を数多く読み、ロマン主義とは何であったのかについての知識を、同時代人より多く得ることも可能であろう。だがそれは、あくまで意味記憶としての過去の抽象的な知識、「書かれた歴史」に留まるものである。それは内在的に生きられる過去ではなく、外在的に観察・分析される過去である。ここで問題となっているのは、そうした知識の問題ではない。自分が体験していない過去を「書かれた歴史」としてではなく「生きられる歴史」として認識するためには、当時の人々の、そして当時を体験し今も生きている人々の「特殊な感受の様式」を共有していなければならない。そうしてはじめて、抽象的な知識としての過去ではなく、「生きられる歴史」としての過去を想起し、その過去にリアリティを感じることができるのだ。アルヴァックスが感じ取ったという「ロマン主義の最後の動き」や、女中の生きた時代の「歴史の渦巻き」とは、そういったものである。

こうしたアルヴァックスの議論が示唆するのは、出来事それ自体を再体験することはできなくても、その出来事を生きてきた人間の時間や感受性を分有することはできるということである。アルヴァックスはマルク・ブロックの研究に依拠しながら、子どもが祖父母を通じてかなり遠い過去にまで遡るという事例についても論じている（MC 111-3=64-6）。「昔の事実だけではなく、昔のあり方や考え方も、子どもの記憶力の中に定着する」（MC 112=65）とアルヴァックスは述べている。子どもは、「昔のあり方や考え方」を自らの記憶力に血肉化することで、自らが体験していない過去との連続性を感じ取ることができるのだ。

アルヴァックスがこのような「生きられる歴史」としての〈集合的記憶〉と対比するのが、国家によって描かれる歴史である。彼が「書かれた歴史」や「学ばれる歴史」として批判する歴史は、国家によって上から押し付けられるような歴史を想定したものである。アルヴァックスはそのような歴史を〈集合的記憶〉と明確に対立させている。

> もし、〈歴史的記憶〉とは国家の歴史がその記憶を保持しているような出来事の連続のことであると解されるならば、われわれが〈集合的記憶〉と呼ぶものの本質をなしているのは、〈歴史的記憶〉でもその枠組みでもない。（MC 129=85）

では、なぜ国家によって描かれる歴史は「生きられる歴史」としての〈集合的記憶〉と対立させられるのだろうか。アルヴァックスは、それを枠組みの違いの問題として考察している。アルヴァックスはこう述べる。

普通は、国家は個人からあまりに隔たりすぎているから、個人は自分の国民の歴史を、自分個人の歴史とはごくわずかの接触点しか持たない非常に大きい枠組みとしてしか考えられない。(MC 128=84)

アルヴァックスによれば、「他の人々の記憶力がわれわれの記憶力を補強し補完してくれるためには、これらの集団についての記憶が、われわれの過去を構成する出来事と無関係ではないことが必要である」(MC 128=83)。これはつまり、枠組みが諸個人と接触していることが必要だということである。アルヴァックスの考える〈集合的記憶〉においては、人々の間の人格的な結びつきによって枠組みが共有され、同じ時間意識が共有されている。だが、国家という枠組みは個々の人間にとってはあまりに広く、個々人はその枠組みとの直接的な接触を持っていない。それに対して国家の側は、個々の人間が国家と接触しているかどうかに関係なく国民の歴史を描いていく。だがそこで描かれる歴史は、「市民生活全体、すなわち国民の成員である限りにおいての市民に関係する事実しか取り上げない」(MC 128=84)ものであり、実際に人々が具体的な生を生きている地域社会や都市の歴史とは異なっている。それは国家という枠組みが、国民すべてを包摂するような巨大な枠組みである一方で、「剥製にされた歴史的・非人格的な想念の状態でしか存続していない枠組み」(MC 113=66)でしかないからである。つまり国家という枠組みは、そこに包摂されている人々にとってはあまりに広く、画一的で抽象的な枠組みなのである。[14]

このように、〈集合的記憶〉と歴史の区別は、枠組みのあり方の違いを焦点にしてなされたものである。この違いをもとに、アルヴァックスは〈集合的記憶〉と歴史を区別する第二の特徴についても論じている（第一の特徴は時間の連続性である）。それは、〈集合的記憶〉の複数性という特徴――「〈集合的記憶〉はたくさんある」（MC 135=93）――である。

では、〈集合的記憶〉が複数的であるのに対して歴史が単一的であるというのは、どういうことなのだろうか。歴史にもドイツ史やフランス史などがあり、歴史も複数的であると言えるのではないか。このような疑問が当然想定されるだろう。こうした疑問については、アルヴァックスは次のように答えている。確かに、国や地域ごとの歴史が存在するのは事実であるが、歴史において記述される事実の総体においては、「どんな事実も他の事実と同じように関心に値し、同じように指摘・記述されるに値する」（MC 136=93）という評価がなされている。そして、「こうした類の評価は、現に存在するか存在していた現実の生きた集団のどの視点にも立っていないから生ずる」（MC 136=93）ものである。そのため、「場所や時間が違うにもかかわらず、歴史は出来事を一見したところ同じに見える項に還元する」（MC 137=95）ことが可能なのである。これは、歴史が出来事を配置する枠組みが、集団の外部にある画一的で抽象的なものであることに起因しているだろう。その枠組みは、画一的で抽象的であるがゆえに、集団を越えて誰もが獲得することも可能であるが、それゆえにそこに位置づけられる過去は画一的で抽象的な知識になってしまうのである。次のアルヴァックスの文章を見てみよう。

たしかに、歴史の女神はポリュムニアである。歴史は人類の〈普遍的記憶〉として姿を現していると言える。しかし、〈普遍的記憶〉というものは存在しない。すべての〈集合的記憶〉は、空間においても時間においても有限な集団に支えられている。過去の出来事の全体をたった一つの絵画の中に集めてしまうことは、その記憶を保っている複数の集団の記憶力から出来事を切り離し、出来事が生じた社会的な場（milieu）の心理的生活と結びついている絆を断ち切り、

その年代史的・空間的図式だけを保持することによってはじめて可能になる。(MC 137=94)

歴史は、個々の集団の有限な時間的・空間的な枠組みを越えて、過去を収集し記述することが可能である。だがそれが可能なのは、個々の出来事を集団の枠組みから切り離すことによってである。それに対し、「すべての〈集合的記憶〉は、空間においても時間においても有限な集団に支えられている」。そのため、歴史の年代史的・空間的図式によって〈集合的記憶〉を捉えることはできない。〈集合的記憶〉を理解するには、集団によって生きられている時間的・空間的枠組みのあり方を理解することが必要なのである。ここで重要になるのが、時間という枠組みである。〈集合的記憶〉と歴史を分けるのが時間の連続性を主体が感じているかどうかであるという、先に検討した議論を思い起こしておこう。〈集合的記憶〉における時間の重要性は、次のアルヴァックスの文章においても指摘されている。

集団は、まず何よりも自らのために生きるものであり、その思考の実質を形成する感情やイメージを永久化しようとする[16]。その際、集団の記憶力の中で最も重大な位置を占めるのは、その中には集団を深く変容するものが何もない過ぎ去った時間である。(MC 139=97)

この引用からも分かるように、〈集合的記憶〉を形成する枠組みの中でも中核的な位置を占めるのは時間の枠組みである。時間の連続性についての意識が集団の成員によって共有されることで、集団の時間に位置づけられる出来事は固有の意味を持つことになる。逆に言えば、時間の連続性が集団の成員によって共有されなくなった場合には、たとえ出来事の正確な知識を得ることができたとしても、出来事の固有の意味は失われることになる。時間の連続性が失われるということは、「集団生活の中にその過去と両立できない新しい要素が導入される」（MC 139=97）ことを意味する。そのような要素は、集団の成員によってもたらされることもあれば、外的な状況によってもたらされることもあるだろう。いずれにせよ、新しい要素の導入によって時間の枠組みが成立しなくなると、それ自身の記憶力を有する別の集団が誕生することになる。だが、「その記憶力の中には、この危機の以前にあったものについての不完全で混乱した記憶しか残っていない」（MC 139=97）のだ。このように、〈集合的記憶〉の成立においては時間の枠組みが中核的な位置を占めるのである。

それでは、〈集合的記憶〉を成立させる時間の枠組みとはどのようなものなのだろうか。アルヴァックスは時間の枠組みについて、「〈集合的記憶〉と時間」という章において重点的に考察を行っている。次章では、この章の読解を中心に、〈集合的記憶〉において時間という枠組みの占める位置を考察していくことにしよう。

第四章　〈集合的記憶〉と時間

一　ベルクソンの時間論

『集合的記憶』の「〈集合的記憶〉と時間」という章において、アルヴァックスはベルクソンの時間論を批判することによって自らの時間論を展開している。したがって、まずはベルクソンの時間論を概観しておくことにしよう。よく知られているように、ベルクソンは「持続（durée）」という彼独自の時間概念を提起した。ベルクソンによれば、「持続」とは、現在の状態と先行する状態との分離が差し控えられた場合に、われわれの意識状態の継起がまとう形態である。この特徴が分かりやすいのは、流れるメロディーに身を任せるような体験だろう。この体験においては、諸部分は互いに区別されながらも、相互に浸透し合うような関係にある（DI 74-6=115-6）[17]。つまり、メロディーを聴いていると感じているのは現在の私なのだが、過去に聴いた音と現在聴いている音とが内的に連関し、現在聴いている音を連続するメロディーの一部として私は知覚している。「内的な持続の諸瞬間は互いに外在していない」（DI 170=249）と言われるように、「持続」においては、対象が自己の外部の客体としてではなく、内部に属するものとして認識されるのだ。あるいは、自己と対象の区別が「持続」という時間の中では消失していると言ってもよいだろう。

ここで重要なのは、「持続」が「空間についてのいかなる観念も持たないような存在」（DI 75=116）によって体験されるというベルクソンの指摘である。ここでベルクソンが空間と呼ぶのは、われわれが実際に生き、感覚によって具体的に知覚している空間ではない。それは「精神が数をそこに位置づける媒体（milieu）」（DI 63=99）である。つまりベルクソンのいう空間とは、物理学の線形的な時間を表現する「等質的空間（espace homogène）」であり、それは理念上の概念的な空間である。それゆえこの空間によって表象される時間は、時点どうしの物理的・客観的な距離として計測可能であるが、外部から観察される「等質的時間（temps homogène）」として「持続」

とは対立する。

以上のような「持続」の定義が意味するのは、「持続」においては線形的時間を表現する図や歴史年表のような、等質的空間における時点どうしの物理的・客観的な距離という認識の仕方が無効になっているということである。ベルクソンは「持続」における認識のあり方を記述するうえで、「内部（intérieur）」や「相互浸透（se pénétrer）」という表現を多用している。それは、過去と現在が内的な連関を持ったものとして主体に認識されるため、その要素が相互外在的な等質的空間とは違う認識が成立しているからである。「持続」においては、過去それ自体が主体性を有するかのように現象することもあり、それを等質的空間に位置づけて客体化して外部から眺めるという認識は成立しない。それゆえベルクソンは、「持続」という時間意識の様態を「持続する現在（un présent qui dure）」（Bergson［1938］1993:170=2013:238）とも呼んでいる。

この「持続する現在」という表現は、過去と断絶した瞬間としての現在とは異なる時間のあり方、分割できないメロディーのようなものとして知覚される時間のあり方を示している。ベルクソンは、現在を身体的な知覚によって認識される「現実的（actuel）」なものとする一方で、過去を「潜在的（virtuel）」なものとして捉えている。両者は、相互に外在して対立しあうものではない。潜在的なものとしての過去は、現実的なものとしての現在と共存している。「持続する現在」が意味しているのは、現実的に認識されていなくても、潜在的に過去が共存している時間としての現在、瞬間としての現在とは異なる連続としての時間なのである。そこでは、等質的空間のように各時点は相互に外在していないし、各時点の間の距離を客観的に計測することもできない。そのため、「持続」においては、過去が現在の主体の意識と内的に連関したものとして現れる。「意識に直接与えられたもの」というベルクソンの著作にも見られる表現は、「持続」によってもたらされるこうした事態を表現したものである。

では、「持続」と記憶力はどのような関係にあるのだろうか。ここで、ベルクソンによる「自発的な記憶力」と

記憶力」が親和的であるという点を、ベルクソンは重視する。そしてベルクソンは、この夢の次元を「持続」と結びつけ、言語や空間といった社会的な枠組みの影響を逃れた夢の次元と「自発的な記憶力」の親和性を論じていた。このベルクソンの議論を彼の「持続」の議論と関連させて考えるとどうなるだろうか。

「自発的な記憶力」は、日付によって他と区別される出来事のイメージを記憶する作用であり、「身体の記憶力」は運動習慣の形で過去を記憶する作用である。この二つの記憶力で想起される記憶の違いは、心理学でいうエピソード記憶と意味記憶の区別におおむね対応するだろう。つまり、「自発的な記憶力」における記憶は出来事についての記憶であり、それは時間性を有する（いつの出来事であるか、現在とどのような時間的関係を持つのかが重要となる）。それに対し、「身体の記憶力」の対象となる知識や習慣は、無時間性を特徴とする。「身体の記憶力」は、反復運動によって現在の行動に有用な知識や身体的な動作を固定し、現在において発動させる記憶作用である。そして、反復運動によってひとたび知識や動作が固定されると、その形成に寄与した各々の過去の出来事と現在との連関が意識される必要はない。それゆえ「身体の記憶力」においては、「持続」という時間意識は縮減され、習慣化された知識や動作は時間意識に関係なく想起される。言い換えれば、「身体の記憶力」は時間に対する意識を必要としない。あるいは、「身体の記憶力」が作動している時には瞬間的な現在についての意識しかない。「身体の記憶力」において想起されるものは現在と一体化しており、過去としてのリアリティを持たないのだ。

では、「自発的な記憶力」は「持続」とどのような関係を持つのであろうか。それぞれの出来事が日付を持つ以上、過去と現在は空間的に区別されている。この側面を強調するならば、過去は暦のような空間に位置づけられることで記憶として認識されるようになり、ベルクソンが批判した等質的空間の影響を受けた時間とも関わることになる。だが第一章第二節で見たように、言語や空間といった社会的な枠組みの影響を逃れた夢の次元と「自発的な記憶力」が親和的であるという点を、ベルクソンは重視する。そしてベルクソンは、この夢の次元を「持続」と結

びつけるのである。

夢はまさに、こうした条件〔心理的事象の表面的な層をそこから乖離させることで、自我から等質的時間を知覚する能力を除去した条件――引用者注〕の下にわれわれを置く。というのも、眠りは器官機能の働きを弛緩させ、自我と外的な事物との間の交流面を特に変容させるからである。その際、われわれはもはや持続を計測することをやめ、持続を感じ取る。持続は、量から質的状態へと立ち戻る。流れ去った時間はもはや数学的に測定されない。数学的な測定は、ある漠然とした本能に場所を譲る。この本能は、あらゆる本能と同様にお粗末な勘違いをすることもあるが、時に異例の確実さをもって事を進めることができる本能である。（DI 94=142）

ベルクソンの「持続」概念の特徴は、それが空間的な表象を排した時間として定義されているという点にある。そのため、現実の知覚的な場面や社会生活から逃れていく夢の次元において、等質的空間における時間（等質的時間）として批判される時間とは正反対の「持続」が見出されることになる。また、ベルクソンの「持続」概念は、言語との関係も排した時間のあり方である。ベルクソンは、「持続」を空間へと翻訳するものとして言語を位置づけ、言語の影響を受けた時間には等質的時間として低い位置づけを与えている（MM 213=273）。ベルクソンがこのように考えるのは、線形的な時間を等質的空間において表象するのに、言語による記号化が大きな役割を果たすためであろう。たとえば、分割できないメロディーに身を任せているような体験と、それを楽譜に記して眺めるという体験との差異を考えてみればよい。言語は対象を主体から区別された外部の事物として客観的に認識するのに役立つ一方で、「持続」の意識を損なわせる等質的空間とも親和的なのである。言語による記号化が行き過ぎれば、「持続」の意識は損なわれてしまい、記憶はリアリティを持たなくなってしまう。そのためベルクソンは、言語や空間を排した純粋な時間としての「持続」を夢の次元に求めたのである。

こうしたベルクソンの議論に対しては、いくつかの批判が向けられている。たとえば渡辺由文は、ベルクソンが言語的な契機を排して時間を考察した点を強く批判している（渡辺 2010）。また、記憶力と言語の関係を重視するジャン・ドレーは、ベルクソンの「持続」を「主観的かつ個人的な内閉的時間」であるとして「社会的時間」と区別している（Delay 1950=1978）。さらに、ウジェーヌ・ミンコフスキーは、ベルクソンにおける空間が「その数学的・知性的な側面だけから考察され、……ただ引き立て役として利用されるに留まった」（Minkowski [1933]1968=1973:270）と指摘し、空間と密接に関わる時間のあり方を論じている（市川 [1983]1991:370-83）。このように、ベルクソンの時間論に対する批判は、彼の時間論において言及されている空間や言語のあり方、それらと時間とのかかわりが矮小化されている点に向けられている。

では、上記のようなベルクソンの時間論をアルヴァックスはどのように受けとめているのだろうか。アルヴァックスも先のドレーのように、ベルクソンの時間論を「それ自体の中に閉じこもった意識」（MC 153=113）、「その知覚が何ら対象の存在を明示することのない主観的状態に過ぎないような意識」（MC 153=113）を対象にするものに過ぎないとして批判している。アルヴァックスによるベルクソン批判の要諦は、ベルクソンの議論が個人的な意識やそこで感じられている時間の問題しか考察できないと批判する点にある。ベルクソンの時間論からは、言語や空間とも密接に関係する社会的な時間について考察することができない。アルヴァックスがベルクソンの議論を個人主義的であると批判する理由はこの点にある。

だが一方で、アルヴァックスはベルクソンの時間論から大きな示唆を受けてもいる。彼の整理によれば、ベルクソンは時間を「生きられる時間」と数学的時間とに区分し、後者を「意識の欠けた時間」として批判した（MC 157=119）。数学的時間という抽象的時間については、アルヴァックスもベルクソンと同様、「人はこの時間自体の中にも、その部分の中にも、出来事があそこではなくここで起きた理由を見出せない」（MC 158=120）として、記憶作用と対立する時間として低い位置づけを与えている。それゆえ、「生きられる時間」と数学的時間――ベルクソン自身の言葉では「持続」と等質的時間――との対比は、アルヴァックスにおいても重要な意味を持っている。

では、なぜこの区別が重要な意味を持つのだろうか。ベルクソンの「持続」においては、過去と現在は内的な連関を持ったものとして認識される。つまり「持続」において、主体は時間の「内部」にいるのだった。あるいは、主客という区分自体が消失しているのだった。それに対して等質的時間においては、等質的空間における線形的な時間表象によって、主体は時間の「外部」から各時点間の距離を計測している。ここから、時間の内部・外部という区別が、記憶作用の成立において決定的な役割を果たしていることが示唆されるだろう。アルヴァックスが受け継いでいるのは、この内部・外部というベルクソン的な発想である（Jaisson 1999:169）。

この発想は、先にも見た〈集合的記憶〉と歴史との区別へと受け継がれている。アルヴァックスは、〈集合的記憶〉を「内部から見られた集団」（MC 140=98）と定義したのに対し、歴史を「集団を外部から眺める」（MC 140=98）ものとして定義し、両者を対比させたのであった。この区別は、想起主体が過去と現在の連続性を感じているかどうかに依拠した区別である。そしてこの区別は、ベルクソン的な「生きられる時間」と数学的時間の区別に基づくものなのである。

ただし、この「生きられる時間」のあり方をめぐっては、アルヴァックスとベルクソンは完全に一致しているとは言えない。たとえばアルヴァックスは、ベルクソンが日・時・分・秒といった社会的時間までも「持続」と対立させることを批判する。それは、「社会的時間も、個人的持続と同じように数学的時間と混同されることはない」（MC 159=121）からである。

日・時・分・秒が等質的時間の区分と混同されることはない。実際、それらには明確な集合的意味がある。それらはどれもが一つの持続における指標（points de repère）であり、持続の各部分は共通の思考においてすべて異なっている。またそれらは、相互に置き換えることもできない。（MC 159=120-1）

ベルクソンが「持続」を肯定し数学的時間を否定するのは、時間が「意識に直接与えられたもの」かどうか、つまり、意識と内的な連関を有するものかどうかが重視されているからだ。この点からすれば、数学的時間は、数学的操作によって意識との関わりを捨象しているがゆえに否定される。確かに、日・時・分・秒といった社会的時間の区分は、その注意が数字へと向けられている。社会的時間の数学的な面が前景化すれば、それはベルクソンの批判する数学的時間に過ぎないもの、たんなる抽象的時間になるだろう。「時間を有効に使うために時間を計測する結果、持続のこれらの部分をどう扱うべきかもはや分からなくなることもある」（MC 145=103）、「社会の流儀で人生を測定するように強いられることによって、われわれは、自分の流儀で時間を自由に使う（そして楽しむ）ことに次第に不向きになっていく」（MC 145=103）といった指摘は、アルヴァックスも行っている。

だが、社会的時間のすべては数学的時間に過ぎないものなのだろうか。社会的時間はただ外部から無機質な時間として押し付けられるだけではなく、人々によって具体的に生きられてもいるのではないか。社会的時間には、数学的時間だけには還元できない多様性や異質性があるのではないか。ベルクソンによる「生きられる時間」と数学的時間の区別を踏襲しながらも、アルヴァックスはこのような疑問を投げかける。そこから、彼の社会学的な時間論は出発している。次節では、こうしたアルヴァックス自身の時間論について詳しく検討していくことにしよう。

二　アルヴァックスの時間論

アルヴァックスによれば、社会的時間が意味するのは時間の社会的区分が存在するということであり、単一の画一化された時間が存在するということではない。たとえば、鉄道の国際時刻表のように正確な時間表象を、すべての人が守っているわけではない。実際には時間は柔軟に読み替えられ、集団独自の区分やリズムによって生きられている。たとえば、リセや兵営といった規律が重視される場においては正確な時間の共有が求められるだろうが、家庭の中では緩やかなリズムの時間が流れているといったことは往々にしてあり得る。また、それぞれ異なる暦も、当然のことながら異なるリズムによって生きられている。「集団の数だけ異なる時間の起源がある。だから、すべての集団に押しつけられている時間など存在しない」(MC 171=135) のだ。アルヴァックスは、「生きられる時間」を個人の次元にのみ限定して社会的時間と対立させるのではなく、集団レベルでの「生きられる時間」(集合的時間)[18]が複数存在することを指摘している。

アルヴァックスは、こうした「生きられる時間」としての集合的時間が共有されることによって、個々人が自らの持続だけではなく他者の持続を分有すると考えている。たとえば彼は、「集合的ないし社会的な時間は、諸個人の持続のすべてを、そのすべての部分において互いに(つまり、すべてを統一のうちに)包含して結びつける」(MC 149=107-8) と述べている。だが、自己の持続に閉じこもるだけではなく、他者の持続と結びつけられた状態とはどのような事態なのだろうか。アルヴァックスによれば、他者の持続を理解するためには、「対象が記号(signe) として私に働きかけることが必要」(MC 153=113) なのだという。この指摘に続くアルヴァックスの文章を見てみよう。

しかし、それは次のことを含意している。まず、ある対象を目の前にして、私が自分の視点と他者の視点に同時に身を置くことができるということである。また、少なくとも可能なものとして多くの意識を表象し、それらの意識が相互に関係を持つ可能性を思い浮かべることによって、私がそれらの意識に共通な持続を思い浮かべてもいるということである。(MC 153=113)[19]

ここでの議論が示唆しているのは、時間についての表象が個人表象に留まるだけではなく、集合表象の問題として考察すべきだということである。アルヴァックスは、すべての感覚的知覚には外在化する傾向があることを指摘している(MC 153-4=113-4)。そこで彼は、苦痛の表象についての考察を行っている。知覚的な印象、個人的な表象の次元でのみ考えるならば、苦痛が他者と共有されることはないだろう。だがアルヴァックスは、「肉体的苦痛そして感覚一般は、混乱した未完の観念である」というライプニッツの形而上学的逆説(『人間悟性新論』)を新しい意味で解釈することで、苦痛についての個人的な印象が集合表象へと転化していく事態を問題にする(MC 154-5=114-5)。

こうしたアルヴァックスの議論は、過去と現在との時間的なつながりという持続の問題だけではなく、共時的な時間意識(同時性)の問題を考察したものだ。アルヴァックスによれば、「同時性(simultanéité)の観念についてよりつっこんだ分析をすると、純粋に個人的で互いが入り込めない持続という仮説を退けるに至る」(MC 155=115)という。つまり時間は、個人の意識に閉じたものではなく、他者へと開かれたものである。アルヴァックスは、時間の集合的な性質について次のように述べている。

われわれの状態の連続は、各部分が先行する部分や後続する部分にしか結びつかないような、厚みのない線ではない。

実際、思考が展開する各瞬間や各時期において、われわれの思考の中では、一つの意識から他へと移行する多くの流れ（courants）が交差している。そして思考は、それらの流れが出会う場所（lieu）なのである。（MC 155=115-6）

アルヴァックスは、複数の集合的な時間が存在し、それが個々人の思考において交差することで人々の間に時間意識が共有されると考えている。〈集合的記憶〉の成立には、この時間意識の共有が関係している。ここではまず、そうした多様な集合的時間を、アルヴァックスがどのように記述しているのかを見ていくことにしよう。多様な集合的時間を象徴するものとしてアルヴァックスが挙げているのが、さまざまな暦の存在である。少し長いが引用しておこう。

学校の一年は宗教の一年と同じ日には始まらない。宗教の一年においてキリスト教の一年の本質的な区分を決定するのは、キリスト降誕の日、キリストの受難と復活の日である。世俗の一年は一月一日に始まる。だが、世俗の一年は活動の種類や職業に従うため、宗教の一年とは異なった区分を含んでいる。農民の一年の区分は、季節の変化に規定された農作業の流れをモデルとしている。工業や商業の一年は、生産性が高くて注文が殺到する時期と、取引が減速したり停滞したりする時期とに分けられる。とはいえ、あらゆる商業や工業において同じ分かれ方をするわけではない。軍隊の一年は、入隊の日から始めてプラスの方向で数えられることもある。また、同年兵と呼ばれるもの（軍隊から離れた間隔）に従って数えられること、つまり逆向きの方向で数えられることもある。おそらくそれは、一日の仕事が単調であるせいで、その期間が等質的時間へと最も近づくからだろう（等質的時間においては、計測のために取り決め（convention）によって望む方向が選択できる）。このように、集団の数と同じだけの異なった時間の起源がある。また、すべての集団に課されている時間は存在しない。（MC 170-1=134-5）

暦にみられる時間表象やリズムの差異は、過去との多様な関係を生み出し、人々がどのような出来事を重要なものとみなすのかについての違いを生み出す。たとえば、工業や商業の生産に関係のない出来事は、そのテンポの速いリズムの中では忘れ去られてしまうかもしれない。だが、工業や商業の暦において忘れられる出来事が、他の暦においては極めて重要な出来事として記憶されていることもありうる。また、日常生活ではさして意味を持たない出来事が、工業や商業の暦においては重要な出来事として位置づけられることもある。あるいは、すべての出来事を平板で等質な項として並列するような、数学的な時間意識を表現する暦もあるだろう。暦の多様性から集合的時間の多様性について論じるアルヴァックスの議論は、時間表象のあり方に応じて、人間集団が過去との多様な関係を結びうること、つまり多様な〈集合的記憶〉の形態が存在することを示唆しているのである。たとえばアルヴァックスは、田舎における時間と都会における時間のあり方の違いについても論じている。次のアルヴァックスの文章を見てみよう。

田舎における時間の区分は、動物や植物の自然の流れをモデルにした仕事の順序に従う。小麦が大地から生え、動物が卵や子どもを産み、牝牛の乳房がふくれるのを待たなければならない。これらの作用を速めるメカニズムは存在しない。田舎の時間はまさしく、こうした集団や、自らの欲求や伝統に合った歩調で考える人々においてあるべきものなのだ。(MC 178-9=145)

田舎の時間がゆったりと流れるのに対し、都会の時間は急速に流れるといった対比は、田舎の時間のこうした性質に起因する。田舎の時間においては、人為的なメカニズムによって自然のリズムを管理し速める時間意識は存在しない。それゆえ、都会の人間から見ると、そうしたメカニズムの存在しない田舎の時間はゆったりとしたものに感じられるのだ。だが、田舎の時間に生きる人々にとっては、それは自らの欲求や伝統に合致した時間であり、その速度が遅いとか速いとかを意識するものではない。それはあくまでも、メカニズムに支配された時間の中にいる側から見た時にそう映るということであって、田舎の時間の中に生きる人間にとってはきわめて自然な時間なのである。それゆえに、逆に田舎の人々は、自らの時間意識とは異なる時間に遭遇すると、それを「速い」とか「慌ただしい」とか形容するのである。

では、田舎と対比される都市における時間とはどのようなものだろうか。アルヴァックスは都市を、「メカニズムが生産作業の中に導入されているだけでなく、移動・気晴らし・精神の働きを規制する場」(MC 179=146)だと述べている。都市の特徴の一つとして挙げられるのは、変化の多さと急速さ、そして変化を機械的に処理していく時間意識である。アルヴァックスは、株式取引場・工業会社・商事会社といった集団を挙げ、それらが「わずかの時間に大量の業務が処理される集団」(MC 178=144)であるがゆえに、活動が機械的であり、同じ計算や型の組み合わせが集団の成員の時間意識を支配していると指摘する。アルヴァックスの次の文章を見てみよう。

> 仕事や気晴らしを増やしていく人々は、しまいには現実の時間についての想念を失い、おそらくは時間の実質そのものを消失させてしまう。時間の実質は多くの部分に切り離されてしまい、もはや広がって膨張していくこともできないし、一貫性をもたらすこともできない。人間集団が変化する能力が限られている以上、二十四時間という同じ持続の中では、変化が多くなるにしたがって各々の変化の重要性はなくなっていく。(MC 178=144)

変化の量やスピードが増していく都市においては、各々の変化の重要性が失われていく。機械的なメカニズムによる時間の管理は、次々と起こる変化に翻弄される意識が決まった活動を行うためには不可欠のものである。だがこの管理が、さらに時間から具体的な意味を奪っていくことになる。変化の多さと画一化された時間の管理によって、都市においては、田舎の時間において存在したリズムは失われていくのである。では、このような時間のあり方は人間の記憶力にどのような影響を与えるのであろうか。アルヴァックスは村落との対比によって、「大都市において忘れられることは容易である」(MC 129=86)と述べている。これは、村落に比べて都市の規模が大きく、人口の密度が多いからだという説明もできるだろう。だが、都市において忘却が進むのは、こうした都市の時間の性質、各々の変化の意味を相対的に低下させていく時間の性質にも起因しているのである。

このように、集合的時間は複数存在し、それぞれが多様な時間意識を集団の成員にもたらしている。そしてこの集合的時間の多様性という考え方こそが、第三章第四節で見た〈集合的記憶〉の複数性というアルヴァックスの考え方へとつながっていく。だが、メカニズムに支配された都市の時間のように、〈集合的記憶〉を阻害する方向へと作用する時間も存在する。アルヴァックスが指摘するように、過去の出来事のイメージを見出すには、「時間が記憶を枠づけるのに適したものであることが必要」(MC 157=118)なのである。では、記憶を枠づけるのに適した時間の枠組みとはどのようなものなのだろうか。あるいは、それに適さない時間の枠組みとはどのようなものなのだろうか。

ここで、ベルクソンを参照しながらアルヴァックスが行った、生きられる時間と数学的時間との対比を思い起こしておこう。そこで問題にされていたのは、主体が時間の中で生きているか、それとも時間の外に置かれているかという違いであった。これは、具体的な時間と抽象的な時間の対比にも置き換えることができる。ここで重要になるのは、アルヴァックスの歴史学批判である。第三章第四節でも見たように、アルヴァックスは〈集合的記憶〉と歴史を、内部と外部、類似と変化といった言葉で対立させていた。このような対立が生じる理由を、アルヴァックスは歴史学における時間の取り扱い方に求めている。

アルヴァックスは歴史学において、普遍的時間という考え方が現れていることに着目している。普遍的時間とは、「世界のどこかの場所で生じたあらゆる出来事に及び、すべての大陸や国、各国内のすべての集団、果ては集団を通してすべての個人にまで及ぶ」（MC 159-60=122）時間である。では、なぜこうした時間が可能になるのだろうか。アルヴァックスはドレイスの『世界年表』（一八五八）に言及し、出来事を年表という等質的な空間に配置することでもたらされる時間意識について論じている（MC 161-2=124-5）。

年表においては、異なる複数の集団において起きた出来事が、同じ年の中に並列され、世界で同時に何が起きていたのかを知ることができる。しかし、だからといって、年表で同時代に並べられている出来事すべてが重要なものとして認識されるわけではない。「同時性が同時代の人々に気づかれないのであれば、諸事実が同じ年に生起したかどうかは、ほとんど重要ではない」（MC 162-3=125-6）からだ。時間意識が共有されていなければ、それに関係のない出来事は年表上の等質な項にすぎないのである。それは年表の時間が「空虚な時間」であり、「数学者の抽象的時間に他ならない」（MC 163=126）からである。アルヴァックスは次のように指摘している。

> 人がわれわれに対して対照比較年表——どこで生起した出来事であろうと、そこでは全ての出来事が比較される——を提示できるのは、おそらく、固有の時間に出来事を位置づけている場（milieu）から出来事を切り離しているからである。すなわち、出来事が含まれている現実の時間を抽象するからなのである。（MC 164-5=128 ヴァリアントあり）

あらゆる出来事を比較する年表という時間は、人々が生きる場の具体的な時間を抽象化することによって成立する。このように抽象化された時間の中では、それぞれの集団が生きる具体的な時間を知ることはできない。そこには、「そこで集団の思考が自己運動し、自らの過去について想起したことを位置づけるのを習慣にしていたような時間はない」（MC 166=129）のである。それにもかかわらず、歴史家が複数の時間を単一の時間へと位置づけようとしていることにアルヴァックスは批判を投げかけるのだ。アルヴァックスの次の文章も見てみよう。

> 長い間、大多数の人々は、自分達の住む州の境界の彼方で、まして国の境界の彼方で生起したことには関心を示さなかった。したがって、国民の数と同じだけの個別的な歴史が存在してきたし、今日も存在している。世界史を書き、これらの限界から脱しようとする人は、どんな人間の集合体の立場に立つのであろうか。……だが、このように解された世界史も、まだ部分的歴史の並列にすぎず、ある種の集団の生活しか含んでいない。このように再構成された単一の時間がもっと広い空間にまで広がっても、それはこの地表に居住する人類の限られた一部しか含まないのだ。（MC 164=127）

アルヴァックスは、年表という単一の時間によってあらゆる集団の過去を俯瞰的に眺めようとする歴史家の視点を批判している。そのような視点からは、どんな集団の時間も理解できないからだ。だが、アルヴァックスが歴史家の視点を批判しているのは、それだけが理由ではない。アルヴァックスは、歴史家の視点が、「この地表に居住する人類の限られた一部しか含まない」（MC 164=127）とも指摘している。このことが意味しているのは、年表にあらゆる出来事を並列して俯瞰的な視点に立ち、普遍的な時間を標榜している歴史家が、実は自らの集団の時間意識に囚われた形でしか他の集団の時間を描いていないということである。普遍的時間などは存在せず、あらゆる集合的時間を包摂する時間というのは歴史家の傲慢な思い込みに過ぎない。だから、そのような時間によって各々の集合的時間を包摂したと思い込んだ時、人は〈集合的記憶〉の外部にいるか、自らの閉じた集合的時間によって他の集合的時間を包摂しようとしているのである。アルヴァックスは歴史年表について、「どんな集団にとっても、集団の思考が自己運動し、自らの過去について想起したことを位置づける習慣を持つ時間ではない」(MC 166=129）と述べている。

では、歴史年表のような等質的・画一的な時間によっては包摂できない集合的時間は、どのようなダイナミズムによって人々に生きられているのだろうか。アルヴァックスの普遍的時間への批判で見たように、それぞれの集合的時間を、各集団とは無関係な抽象的な時間によって画一化して統合することはできない。だが、それぞれの集合的時間は互いに没交渉であるわけでもない。集合的時間は複数存在し、個人は複数の集団に属することがあるがゆえに、それらは交錯することがある。また、集団どうしが接触することによって、互いの集合的時間が交錯することもある。では、複数の集合的時間が交錯した時には、何が起きるのであろうか。アルヴァックスの次の文章を見てみよう。

二つの集団が出来事に同じ意味を与えるためには、あらかじめ二つの意識が混じり合っていなければならない。だが仮説によると、それらは区別される。実際、二つの思考がこうして互いに浸透し合うことは、ほぼあり得ない。おそらく、二つの集団が溶け合うことも起こりうるだろう。だが、その時には新しい意識が生まれており、その広がりも内容も以前と同じではない。あるいは、そのあとに二つの集団が分離し、以前の状態におおむね戻る場合を考えてみよう。その場合には、融合は表面的なものに過ぎない。(MC 175=140 ヴァリアントあり)

ここでアルヴァックスが指摘しているのは、集合的時間が相互に浸透することは原理的には不可能だということである。では、なぜそれは不可能なのだろうか。このことを明らかにするためには、集団ごとに異なる時間表象という集合的時間の含意について、突き詰めて検討する必要がある。アルヴァックスによれば、「時間は、事実の継起的な連続や差異の合計とは全く別ものである」（MC 177=143）という。時間が事実の連続や差異の合計に過ぎないのならば、ある集合的時間に他の集合的時間を重ねることは容易である。それは単なる足し算に過ぎないからだ。だが、時間とはそのようなものではない。そこで重要となるのが、集団を本質的に構成しているものが、関心（intérêt）・理念（idée）・専心（préoccupation）であるというアルヴァックスの指摘である（MC 182=149）。この指摘を踏まえるならば、集合的時間という時間表象は、それぞれの集団の関心・理念・専心を体現しているということになる。それぞれの集団の関心・理念・専心は、足し算のできる数字のように同質の項ではない。それらはむしろ、対立することの多いものである。そのため、集合的時間が相互に浸透することは原理的に不可能だとされているのだ。

では、複数の集合的時間が相互に浸透することが不可能であるとすれば、それらが交錯した時には何が起きるのだろうか。先の引用をまとめるなら、それは次の二つの方向性に集約できるだろう。第一の方向性は、複数の集合的時間が融合することで別の集合的時間が誕生するという方向性である。これは、一方的な同化であったり、調和的な融合であったりするだろう。だが、いずれにせよこの場合には、集合的時間の広がりや内容は、以前とは異なるものになっている。なぜなら、複数の集合的時間の接触によって、関心・理念・専心のあり方が以前とは異なるものになっているからだ。次に第二の方向性であるが、これは、表面的な融合が行われるというものである。この場合には、表面的には同じような時間表象が共有される一方で、各集団は自らの集合的時間を生きているということになる。アルヴァックスは、異なる二つの民族の接触という事例を挙げて、次のように述べている。

他民族を征服した民族は、それを同化することはできる。しかし、その時にはその民族は別の民族になる。あるいは少なくとも、その存在の新しい段階に入ることになる。もし同化がなされない時には、二つの民族は各々、固有の民族意識を保持し、同じ出来事を前にしても異なった仕方で反応する。（MC 175=140）

このように、人々が過去の出来事をどのように受け止めるのかということは、それぞれが持つ集合的時間のあり方に影響される。〈集合的記憶〉が複数存在するというアルヴァックスのテーゼは、時間に対するこうした考え方から生まれている。互いに自律した集合的時間が複数存在するがゆえに、同じ過去に対してもさまざまな関心の持ち方が存在することになり、それが〈集合的記憶〉の多様性を生み出すのである。では、このような時間の観点から〈集合的記憶〉を考察する時、個々の記憶の現象の仕方が異なる事態をどのように説明できるだろうか。

集団というものを主体として実体視する単純化された議論を避けるためには、個々の人間における想起の現象を、ここまで考察してきた時間の観点から考察することが必要である。アルヴァックスは、個人を個体としての確固とした実体のあるものとは考えていない。先にも見たように、個人の思考は、集合的時間という複数の「流れが出会う場所」（MC 155=116）であり、複数の集合的時間が交差することで成立する時間的存在である。アルヴァックスは、「個人的意識は、これらの流れが通過する場所、集合的時間が出会う地点に他ならない」（MC 190=159）とも述べている。

個人の意識が複数の集合的時間が交差したものであるとすれば、それらが個人においてどのように交差しているのかによって、記憶の現象形態も変わってくるはずである。たとえば、複数の集合的時間が個人において優位であれば、それら複数の時間によって複層化された過去が想起されることになるだろう。アルヴァックスはその一つの例としてパスカルの『プロヴァンシャル』を挙げている。そこでは文学思想の潮流とジャンセニストの宗教的潮流とが混合されず存立しているために、文学思想の潮流に回収されずにジャンセニストの視点も色濃く残った形で過去が想起される。また、アルヴァックスはサント＝ブーヴにも言及し、次のように述べている。

サント＝ブーヴがポール・ロワイヤルに入った人々の姿をわれわれに対して描く時、われわれは彼らの人格の二重性をありのままに捉える。彼らは人間としては同じである。だが、世間の人々がその記憶を保持している人物像や、ジャンセニストたちの記憶力に課されている人物像と、彼らの人物像は同じものだろうか。というのも、精神・才能・身分といったものの輝きはすべて消えてしまっているし、改宗はある社会では終わりを示していても、別の社会では始まりを意味しているからだ。まるで、そこに二つの日付があって、同じ時間の中には居場所を持たないかのようである。(MC 176=141)

サント＝ブーヴという個人の中では、世間の人々が思い描く時間と宗教的な時間とが交差している。そのため、二重の時間の中で過去が記憶として形を成すことになり、彼が描く人々は二重化されているのだ。それは、世俗的な時間と宗教的な時間とが異なる理念や関心から過去を表象するからである。だが他方で、特定の集合的時間が個人の中で優位になれば、個人はその時間において深く関心を持たれる出来事を中心に過去と現在との関係を組織化していくことになり、他の時間において関心を持たれるようなニュアンスは排除されることになるだろう。

アルヴァックスは、宗教や政治というファクターが、家族についての考慮を背景に押しやる場合について論じている(MC 176=141-2)。時間を組織化する理念や関心の中心となるファクターが単一化すると、単一化された時間以外の時間におけるさまざまなニュアンスは排除されていく。それゆえ、さまざまなファクターが交差している時のように複層的な過去が想起されるのではなく、過去はかなり一面的に想起されるようになるのだ。アルヴァックスはパスカルの姉であるペリエ夫人を例に挙げ、「弟の生涯のことを語る時に、ペリエ夫人はジャンセニストの口調で話すため、まるで聖人について話しているかのようだ」（MC 176=141）と述べている。このように、個人において複数の集合的時間がどのように交差しているのかによって、記憶の現象形態は変わってくるのだ。想起とは、特定の理念や関心によって組織化された集合的時間の中で、過去を形象化していくことなのである。

では、以上のようなアルヴァックスの時間論の整理を踏まえたうえで、〈集合的記憶〉をどのように記述していくことができるだろうか。第三章第四節においてアルヴァックスによる〈集合的記憶〉と歴史との区別について検討した際に、「〈集合的記憶〉は、他者や集団のエピソード記憶を、自己のエピソード記憶と同じ資格で想起することである」という命題を提起したことを思い起こしてもらいたい。記憶は、特定の理念や関心に基づいて過去を表象する集合的時間によって形象化される。また、過去が現在においてリアリティを持つのは、過去が現在に連続しているという時間意識を主体が持つからである。だとすれば、〈集合的記憶〉が成立するのは、複数の人間の間で、特定の集合的時間が共有された時であると言えるだろう。同じような理念・関心・専心の下で過去を眺めるからこそ、他者の記憶をも自己の記憶と同じ資格で想起することが可能になるのだ。

アルヴァックスは集合的時間を、「少なくとも一定の持続の期間は、絶えず変化する世界の中で、一部の領域が相対的な安定と均衡を獲得するという幻想（illusion）」（MC 192=162）、「基本的なことはある程度の長い期間はなんら変化しないという幻想」（MC 192=162）とも定義している。こうした幻想が共有されるからこそ、たとえ自分自身が直接に体験した過去でなくても、自己の境界を越えた過去を意味のある記憶として想起することが可能になるのだ。集合的時間は「幻想」であるから、人々の理念や関心のあり方が変化する場合には、それに応じて変化していく相対的な時間意識である。だが、それは個々人の主観に回収されるものではなく、個々人が恣意的に変更することのできるフィクションのようなものでもない。それは、独特の「社会的事実」として過去のリアリティの感覚や共同性の基盤となる。アルヴァックスの次の文章を見てみよう。

時間（より正確に言えば、集合的時間）の流動的な周縁を越えたところには、もはや何も存在しない。というのは、哲学者の時間は空虚な時間に過ぎないからである。時間は内容を持つ場合にのみ（思考に出来事の素材を与える場合にのみ）、現実のものとなる。時間は有限であり相対的なものであるが、それは実在性に満ち溢れている。さらに、時間は十分に広いものなのだから、十分に豊かな枠組みを諸個人の意識に与える。したがって、諸個人の意識は、その枠組みの中に、自らの記憶を配置して見出すことができるのだ。（MC 192=162 ヴァリアントあり）

こうした性質を持つ集合的時間が共有されるからこそ、〈集合的記憶〉は成立する。そして、複数の集合的時間が個人において交差しているからこそ、個人の記憶力も豊かなものとなるのだ。アルヴァックスは個人的分化の特徴を、「さまざまな人々の意識が同じ集合的な流れを分有しているのではない」（MC 189=159）点、つまり集合的時間を分有していない点に求めている。このような状態は、〈集合的記憶〉からの離脱をもたらす。というのも、想起は特定の集合的時間における理念や関心を基盤に行われるからであり、集合的時間に位置づけられない過去は現在との時間的なつながりを失ってしまうからである。想起とは、特定の理念や関心に基づいて過去を現在との時間的なつながりの中に組織化することである。それゆえ、集合的時間を分有することのない個人は、その時間において関心を持たれる人物や出来事のことを忘却してしまう。また逆に、集合的時間を分有していないがために、集合的時間を分有する人々の中では自らも忘れられる存在となってしまう。このように、個人的・集合的どちらのレベルで記憶現象を考えるにしろ、時間の問題は中核的な位置を占めるのである。

この節を閉じる前に、アルヴァックスの時間論をまとめておこう。アルヴァックスにとって時間とは、理念・関心・専心が人々の間で共有されることによって生じる幻想である。アルヴァックスはそれを集合的時間と呼び、個人の記憶力は複数の集合的時間の交差によって成立するがゆえに、個人的なレベルでの記憶の現象の仕方を集合的時間の交差のあり方によって説明できると考えた。また、〈集合的記憶〉は、特定の集合的時間という幻想が複数の人間の間で共有されることによって成立し、集合的時間の多様さに応じて〈集合的記憶〉も多様性を持つ。それゆえアルヴァックスは、多様な〈集合的記憶〉のあり方を考察するために、さまざまな集団においてどのような時間表象が共有されているのかを考察したのである。次節では、こうしたアルヴァックスのアプローチが、どのような展開可能性を持つものかを考察していくことにしよう。

三　時間を論じる視角――言語と空間

前節で検討したアルヴァックスの議論は、〈集合的記憶〉を時間の観点から考察するものであった。アルヴァックスの考えでは、時間とは特定の理念・関心・専心によって過去と現在との関係を組織化していく原理である。それゆえ、時間の構造が違えば〈集合的記憶〉の構造も異なることになる。こうした観点からアルヴァックスは、〈集合的記憶〉の多様性を生み出す集合的時間について考察し、集合的時間の交差によって個人の記憶作用を、集合的時間の共有として〈集合的記憶〉を説明した。

アルヴァックスの時間論は、時間のあり方を記述することによって〈集合的記憶〉のあり方を記述するというアプローチをとっており、社会構造によって時間のあり方も異なるという認識に立つものである。このような立場は、デュルケームが『宗教生活の原初形態』において行った時間のカテゴリーについての考察にもつながるものである（Durkheim［1912］2008=2014）。また、時間の歴史的・文化的な多様性によって異なるさまざまな生のスタイルを考察した真木悠介の『時間の比較社会学』の問題設定にもつながるものである（真木［1981］2003）。真木は、現在と過去とを区別する言葉を持たない北アメリカのホピ族や、「時間」という概念を持たないビルマのカチン族など、近代的な時間意識の常識とは異なるさまざまな時間表象について論じている。こうした比較社会学的考察とアルヴァックスの議論をつなげることで、時間表象の違いによって異なる多様な〈集合的記憶〉のあり方を記述していく展開が考えられるだろう。

ただし、こうした考察は、ともすればさまざまな事例を列挙するだけの研究になる危険性がある。あるいは、単純な近代化批判として近代以前の時間のあり方というものを提示したり称揚したりするだけの素朴な研究に終わってしまう可能性がある。そこで、こうした比較社会学の研究の土台としての、理論的な視点を設定せねばならない。そうして初めて、多様な事例をつなぐ筋道というものが見えてくるはずだ。真木の場合は、比較それ自体が目的なのではなく、「抽象化された時間の無限性という観念からふりかえって、この現在の生をむなしいと感覚してしまう、固有の時間意識の存立の構造をつきとめる」（真木［1981］2003:12 強調原文）ことが、比較の土台となる理論的な課題として設定されている。

本書では、「記憶」とは何か、「集合的記憶」とは何かという問いから始まって、アルヴァックスの集合的記憶論について検討してきた。そこで導き出されたのは、記憶作用を成立させる原理として時間を考察する必要性である。ここで重要なのは、アルヴァックスが『集合的記憶』において概念化した〈集合的記憶〉の中核をなす時間のあり方とはどのようなものかという問いと、そうした時間を成立させる契機となるものは何かという問いである。前者の問いに対しては、第三章や前節でアルヴァックスの時間論について検討する際に議論を展開した。では、後者の問いをどのように展開していくことができるだろうか。

〈集合的記憶〉の中核をなす時間を成立させる契機となるものを問うことは、時間を研究する際にどのようなアプローチをとることが可能かという問いにつながる。たとえばベルクソンは、言語や空間という社会的な枠組みを排した純粋な時間を探究するというアプローチをとった。これを、社会学的な時間の認識論と区別して、「時間の存在論」として理解しておこう。こうした方向性は、哲学や文学において多く認めることができる。安易に結びつけることは慎むべきだが、たとえばベルクソンの影響を色濃く受けたマルセル・プルーストやエマニュエル・レヴィナスらの議論を、この「時間の存在論」のラインで考えることができるだろう。本書の問題関心からは外れるが、社会学的ではないという理由だけで排除してはならないアプローチである。

では、アルヴァックス自身は時間に対してどのようなアプローチをとったのだろうか。アルヴァックスの場合は、時間を成立させる契機としての空間というものを重視するようになり、晩年には時間論と空間論が記憶論において大きな比重を占めるようになった。それは、『集合的記憶』において、「〈集合的記憶〉と時間」という章の後に「〈集合的記憶〉と空間」という章が置かれていることからも明らかである。アルヴァックスはそこで次のように述べている。

想起するためには、空間の外に身を置いていると想像しなければならない、というのは間違いである。[20]なぜなら、空間のイメージだけが、その安定性に応じて、時を経ても何も変わらないという幻想（illusion）と、現在の中に過去を見出すことができるという幻想を、われわれに与えてくれるからである。……また、空間だけが、十分に安定しているがゆえに、朽ち果てることなく持続し、どの部分も喪失することなくいられるからである。[21]（MC 236=207）

この引用からも分かるように、過去と現在との時間的な連続性という幻想を成立させる契機として、アルヴァックスは空間というものを重視した。だが、ここで次のような疑問も沸いてくる。それは、アルヴァックスが主要な枠組みとして提示した、言語活動・時間・空間という三者の関係はどうなっているのか、という疑問である。『枠組み』においては言語活動にかなりの焦点が当てられていたのに対し、『集合的記憶』においては言語についてのまとまった考察は見られない。むしろ『集合的記憶』で焦点が当てられているのは、時間と空間という二つの枠組みの関係性である。こうしたアルヴァックス自身の議論の構図からすれば、記憶論における言語の位置づけが相対的に低下したとみなすべきなのだろうか。彼が〈集合的記憶〉の中核的な枠組みとして考えた時間を成立させる契機として、言語を考察する必要はないのだろうか。言語よりも空間の方が、時間を成立させる契機として重要であるとアルヴァックス自身は考えていたのだろうか。こうした疑問が沸いてくるのだ。

『集合的記憶』が未完の草稿から編まれた遺稿である以上、こうした疑問点に明確な答えを出すことは難しい。だが、言語活動・時間・空間という枠組みが密接に絡まりあうことで世界観が形成されているという『枠組み』での議論を踏まえるならば、時間を成立させる契機としての言語のあり方についても考察しておく必要があるだろう。だがそれを、アルヴァックス自身の議論から積極的に読み取ることは困難である。そこで次章でアルヴァックスの空間論を検討する前に、言語と時間の関係、時間を成立させる契機としての言語のあり方について考察を行うことにしたい。そこでは、アルヴァックスとは別の理論を参照し、アルヴァックスとは異なる時間へのアプローチの可能性や限界を探ることにする。

四　言語と時間——ジャン・ドレーの記憶論

本節では、ジャン・ドレーの『記憶の解体』の検討を中心に、言語と時間の関係について考察していくことにしたい。ドレーは、テオドール・リボー、アンリ・ベルクソン、ピエール・ジャネらの記憶論の整理や臨床的考察を通じて、記憶力の分類を定式化している。そしてそこでは、アルヴァックスの記憶論への言及もなされている。ドレーの記憶論は、言語と時間の関係への考察に示唆を与えるのみではなく、諸学問の記憶論における力点の違いや、それらをどう接合するかといった問題を考えるうえでも大きな示唆を与えてくれる。したがって、第一章で行ったアルヴァックスの言語論に関する考察を補強する意味でも、ここでドレーの記憶論を検討しておくことは有益だろう。

ドレーは人間の記憶力を、感覚運動的な記憶力（mémoire sensorio-motorice）・社会的な記憶力（mémoire sociale）・内閉的な記憶力（mémoire autistique）の三つに区分し、社会的な記憶力を最上層に位置づけた。ドレーによれば、感覚運動的な記憶力は、「人間と動物に共通で習慣の法則に支配され、はっきりと脳に局在化できるものであり、生物学的な領域に属している」（DM 27=40）[22]という。ドレーはこの領域を、「心理生理学（psychophysiologie）」に属するものとみなし、代表的な理論家としてリボーを挙げている。

それに対して社会的な記憶力は、「心理社会学（psychosociologie）」に属するものとされる（DM 32=45）。ドレーは、この記憶力が「社会に生きる人間に固有のもの」（DM 27=40）であると指摘する。そこで重要になるのが、ドレーがピエール・ジャネの記憶論を検討することを通じて、社会的な記憶力には「レシ（récit）」（物語り）が不可欠だと指摘している点である。

レシとは、「他者が不在の状況を克服するために社会によって創造された言語活動（langage）」（DM 13=24）である。レシの例として挙げられているのは、未開人の野営での見張りである。見張りは、敵の行為や動作を指揮者に伝えなければならない。この任務には、他者の不在状況を補うことが必要になるが、それには明瞭で有効な正しい報告がなされる必要がある。そのため、レシには、秩序性や連続する出来事の記述、前後の区別（時間意識）、時間意識を浮き彫りにするための時間の表現方法などが必要になってくる。ドレーは以上のことを踏まえ、次のように述べている。

> レシという行為は、論理的・時系列的なカテゴリーに対する複雑な参照体系のすべてを前提としている。これは、進化した知能を必要とする言語行為である。社会的な記憶力を特徴づける**レシ**は、習慣を特徴づける**繰り返し**（répétition）と対置される。寓話を暗記して繰り返している子どもは、記憶するという行為を行ってはいない。寓話を語る（つまりレシを行う）場合にのみ、記憶力は生じるからだ。記憶力はレシに始まりレシに終わる。もはや繰り返ししか知らない人は、たとえ過去の一片を完全に復元したとしても、記憶力を全く持たない。彼は習慣しか持たないのである。（DM 14=25 強調原文）

ここで重要になるのは、記憶力と習慣（繰り返し）との区別である。ドレーによれば、ジャネが習慣として問題にしているのは「意識を欠いた単純な繰り返し」（DM 15=26）であるという。そこからドレーは、「ジャネが記憶力をレシに還元したように、リボーは記憶力を繰り返しに還元した」（DM 15=26）という整理を行う。では、習慣と対比される記憶力とはどのようなものなのか。また、記憶力を特徴づけるレシとはどのようなものなのか。次のドレーの文章を見てみよう。

> レシは心的統合の次元で働き、繰り返しは自動性の次元で働く。**心的統合**の次元では、記憶するという行為には再認と時間意識が必要とされる。私の過去は過去として、かつ私のものとして再認されねばならない。そこにあるのは、意識化、先行性についての判断、帰属についての判断である。**自動性**の次元では、記憶行為は再認も時間意識も含まない。

私の過去は再生されるだろうが、過去かつ私のものとしては再認されない。習慣には意識化がないだけではなく、意識が身を引く時にだけ習慣が形成される。[23] さらに、自動性の次元では、運動習慣とイメージの復活とを分離する必要がある。だが、それでもやはり、両者ともレシという行為とは対立している。レシでは、記憶力は知性の秩序の中に位置づけられている。(DM 15-6=26-7 強調原文)

このような対比は、ベルクソンによる「自発的な記憶力」と「身体の記憶力」の対比を想起させる。だが、ジャネや彼の議論を引き継ぐドレーにおいては、習慣と対比される記憶力の領域を特徴づけるのは「レシ」という言語行為であり、この点がベルクソンとは決定的に異なっている。ドレーは、ベルクソンの理論を三つめの分類の内閉的な記憶力に属するものとして解釈している。内閉的な記憶力とドレーのベルクソン解釈については後に検討するため、ここでは上記のように説明されるレシや社会的な記憶力の方をさらに検討しておこう。

そこで重要になるのが、上の引用で「時間意識」と言われているものの内実である。ドレーはこれを、「過去の中に記憶を位置づけること(*localisation*)、すなわち日付を定めるのを可能にすること」(DM 28=41 強調原文)とも言い換えている。ここでドレーが重視しているのは、「先在性の判断、さらには記憶の正確な位置づけが付け加えられない場合、情感的な記憶力(mémoire affective)は、既視感を伴う錯覚と区別できなくなる」(DM 29=42)という点であり、ここにレシが深く関わっているとみなすのである。ただしドレーは、再認と、暦や時計にしたがって日付を入れた記憶の過去への正確な位置づけとの間には、程度の差しか存在しないという指摘も行っている。ドレーはそこで、「位置づけの始まりではないような再認はない。つまり、再認においては、少なくとも問いかけという形での反省がすでに入り込んでいる」(CS 116=161)というアルヴァックスの指摘に言及している(DM 30=42-3)。

社会的な記憶力をめぐるドレーの議論は、ジャネの記憶論から多くの示唆を得たものである。だが一方で、アルヴァックスへの言及がされていることからも明らかなように、社会学がこの記憶力の探究と密接に関わるものであることも強調されている。ドレーは、先のようにアルヴァックスの記憶論にも触れ、その基本的なテーゼを、「想起は再生ではなく、経験や集合的論理に関連した過去の再構成である」（DM 30=43 強調原文）と要約している。また、アルヴァックスのストラスブール大学時代の同僚であった社会心理学者シャルル・ブロンデルにも言及し、過去についての認識が、記憶（souvenir）と、ブロンデルが「知識（savoir）」と呼んだものとの両方から成り立っている点を指摘する。ドレーは、過去の知的再構成を強調するアルヴァックスやブロンデルの研究を、「記憶力における感覚的直観の部分を縮小しようとするもの」（DM 31=44）と評価している。またドレーは、再認と位置づけについての研究が、社会的な記憶力と「論理学的カテゴリー」とが分かち難いものであると示しているとみなし、デュルケームとモースによるカテゴリー論にも言及している（DM 31-2=44-5）。つまり、社会的な記憶力においては、知性的・論理的な側面が強調されているのだ。

このように、ドレーは感覚運動的な記憶力と社会的な記憶力を区別したが、その区別は生理学と社会学という学問上の区別に対応しているといえよう。ドレーは二つの記憶力の違いを、「感覚運動的な記憶力は、心的復原作用（再統合）という生物学的法則に統御されている。それに対し、社会的な記憶力の本質は、論理学のカテゴリーを理性的に適用することで統御されている点にある」（DM31=44）と説明している。だが、ドレーの記憶論の眼目は、この二つの記憶力に加えて「内閉的な記憶力」という三つ目の分類を提起している点にある。では、内閉的な記憶力とはどのような記憶力なのだろうか。

ここで重要となるのが、「孤独（solitude）は非社会化ではない」（DM 33=46）というドレーの指摘である。つまり、一人きりの状態に置かれているからといって、社会的な記憶力が消失するわけではないのだ。それは、一人きりであっても、社会的な言語の枠組みから逃れているわけではないからである。また、ドレーは内閉という用語を精神分析的意味とは離れて使っていると述べ、内向性（introversion）と同義ではないとも述べている。それは、社会的な記憶力には、外向的なものもあれば、内向的なものもあるからだ。ドレーは典型的な例としてプルーストの作品で描写される記憶力を挙げ、独特なタイプのレシとみなしている（DM 33=47）。

では、内閉的な記憶力、ドレーが「非社会化された記憶力」と呼ぶ記憶力は、どのような領域において現れるのだろうか。ドレーは、正常な精神生活において内閉的な記憶力が現れるのは睡眠においてであり、それは心理学的には精神病に等しいと述べている（DM 33-4=47）。また、エクムネジー（ecmnésie）（過去の体験をあたかも現在のことのように再体験すること）や錯記憶（paramnésie）（現在見ているものを過去にも見たことがあると錯覚すること）が、内閉的な記憶力を特徴づける再認障害の二つの側面であるという指摘も行っている。ドレーが取り上げているノエミという患者のエクムネジーの症状を取り上げてみよう。ノエミは、自分の子ども時代の光景を、過去としてではなく現在として思い起こす。また、ヴェルサイユ公園で遊んでいた小さな娘として想起するのではなく、娘そのものになる（DM 34=47-8）。こうした記憶障害は、社会的な記憶力の機能不全として定義できるだろう。だが、ドレーは、社会的な記憶力の否定形としてのみ内閉的な記憶力を定義するのではなく、次のような説明も行っている。

内閉的な記憶力は、記憶の再認と時間意識とが欠如しているという陰性の側面しか持たないわけではない。これらの記憶が存在しているという陽性の側面も持っているのだ。夢や妄想においては、完全に忘れられたと思われる過去がよみがえる。これはしばしば、記憶昂進と呼ばれている。したがって、健忘は記憶昂進を伴うという逆説的な結論が導かれた。だが私は逆に、いわゆる記憶昂進とは、実際には内閉的な記憶力の解放（*libération*）として解釈されるものに他ならないと考えている。内閉的な記憶力は、ふつうは社会的な記憶力（より一般的には、生への注意や現実への適応機能）によって抑制されている。内閉的な記憶力によって明らかになるのは、社会的な枠組みから解放された記憶力の自然な働きである。（DM 35=48 強調原文）

内閉的な記憶力は、社会的な記憶力からの「解放」として特徴づけられる。それは、社会が記憶力を豊かにするだけではなく、記憶力を制限したり縮減したりする側面も持っているからである。それゆえ、内閉的な記憶力は感覚運動的な記憶力のような単なる過去の再生ではなく、社会的な記憶力のような理性的なカテゴリーに従う論理的再構成でもない（DM 35=49）。だが、社会的な記憶力との対比で考えた場合、感覚運動的な記憶力と内閉的な記憶力との間には「自動性」という共通性がある。ただし、感覚運動的な記憶力が「機械的な自動性」であるのに対し、内閉的な記憶力は「意志の自動性」であるという対比がなされており、後者は選択・魂・神秘に関わるとドレーは指摘している。そしてこの内閉的な記憶力の性質に、ドレーは積極的な意義を認めてもいるのだ。

夢や妄想は論理ではない論理を有している。というのは、それらが理性では認識できない理性に従っているからだ。内閉的な記憶力の流れは、感覚運動的な記憶力に姿を借りた自動性と、社会的な記憶力の解体した枠組みの断片とを運んでいる。しかしこの流れは、無意識のダイナミズムの法則に従う内的論理の要求によって、それらを統合して自分の望むところへ押し流す。情感性の深い傾向に駆られたその主題は、最も人に伝え難い人格の若干の謎を伴っている。モーリーからフロイトに至るまで、夢や妄想を研究した心理学者たちの努力はすべて、このスフィンクスの像を解読することに存している。（DM 36=50 強調原文）

ドレーによれば、こうした「論理ではない論理」、「理性では認識できない理性」を探究するのは、「純粋心理学」および精神分析学の領分であるという(DM 37=51)。それは、生理学的な記憶力の仕組みを探る生理学とも、記憶力の社会的な枠組みの考察を通じて記憶力の社会的性格を探る社会学とも異なるアプローチである。ここで重要になるのは、ドレーが内閉的な記憶力をベルクソンの「持続」と結びつけている点である(DM 37=50)。つまり、感覚運動的な記憶力がリボー、社会的な記憶力がジャネに対応させられていたのに対し、内閉的な記憶力はベルクソンに対応させられているのだ。

ドレーは記憶論におけるベルクソンの功績を、「運動習慣や具体的な表象へと展開していく記憶に、緊張し精神の秩序を伴う力動的な記憶力(mémoire dynamique)を対置したこと」(DM 13=24)に求めている。ドレーは力動的な記憶力について下記の引用のような説明を行い、そこで精神分析における記憶論が何を目標にするかについて述べている。

> 力動的な記憶力は無意識の中に根を張っており、そこでは過去が特に情感的な形式の下で生き延びていると思われた。力動的な記憶力は情感であり、その最下層の部分が表象へと発展する。われわれの記憶の大部分は、情感的な状態で生まれ、生き、死ぬ。そのうちで表象にまで達して意識の脚光を浴びるのは、ごくわずかでしかない。……記憶を情感の平面から表象の平面へ、つまり内閉的な記憶力の平面から社会的な記憶力の平面へと移行させるのが、精神分析の目標である。(DM 37=50-1)

図式的に対比させるなら、社会的な記憶力が理性的・論理的なものであるのに対し、内閉的な記憶力は情感的なものだといえるだろう。感覚運動的・社会的・内閉的という三つの記憶力の共通点は、「過去の現在への回帰」という点だけである（DM 37=51）。つまり記憶力は、「過去の現在への回帰」という特徴がその要なのだが、その回帰の仕方によって上記の三つの水準に分類できるのだ。だが、これらの水準は階層的に結合しており、三つの層の結合によって人間の記憶力は構成されている。

では、この三つの層の階層的な結合関係はどうなっているのだろうか。ドレーは、この階層の頂上に社会的な記憶力を位置づけた。それは、理性の法則に支配された論理的秩序で、先在性の判断を含んだ心的統合である。そして、その下にあるとされるのが内閉的な記憶力である。これは、思考が非社会化されたときにしか出現しないとされ、意志の自動性に属する情感的な記憶力である。そして感覚運動的な記憶力は、内閉的な記憶力のさらに下にくる。これは純粋な習慣の法則によって支配された機械的な記憶力である（DM 38=52）。最も下の階層である感覚運動的な記憶力は、人間にも動物にも共通する生理学的な記憶力である。だが、社会的な記憶力と内閉的な記憶力は、人間に固有の領域を形成している。それゆえ、社会学と精神分析学という生理学とは別の道具立てが要請されたのだ。

以上のように、ドレーは記憶力を三つの類型に分類した。ここで重要になるのは、この三分類が時間の三分類としても提起されているということである。すなわち、ドレーの記憶論においても、記憶力の中核をなす原理は時間だと考えられているのだ。三つの類型に対応する時間は、それぞれ感覚運動的時間、社会的時間、内閉的時間と呼ばれている。

まずは、感覚運動的時間について見ていこう。これは生物学的秩序に従う時間である。この時間は、受容器の周期性から生じている時間だとされ、飢餓や渇き、睡眠や覚醒、生殖などの欲求の周期性を表している。そして、この時間の研究においては、周期性を統括する視床下部の損傷をめぐる研究が中心的になされているという。ドレーはこの研究領域を、時間の感覚的統覚に関するエルンスト・マッハのカント主義的な理論に確証をもたらすものとみなし、人間と動物に共通する研究領域とみなしている（DM 97-8=112）。

次に社会的時間であるが、これは社会学的な秩序に従うとされている。ドレーは、これが「客観的な時間」であり、「集合的・恒常的・普遍的・非人称的な表象」であって、デュルケームとモースによってその社会的起源が叙述されたと述べる。また、この時間は、学者の時間であり、均質で測定可能な時間であって、それがどのように空間に還元されるかが問題だという。また、社会的時間は理性的秩序に従う概念であるために、記憶力が非社会化される際には失われてしまうほどに弱まるという。この非社会化において出現してくるのが、内閉的時間である（DM 98-9=113）。

内閉的時間は、純粋に心理学的な秩序に従うとされる。ドレーはこの時間を、ベルクソンの「持続」――「生が動いているという感情、内的な生成の感情、過去が現在へと動態的に押し上げられているという感情」（DM 99=114）――と合流するものと位置づけている。また、ドレーはこの時間を「生きられた時間」とし、「《アニマ》の時間」とも呼ぶ。それに対し社会的時間は、「《アニムス》の時間」と呼ばれている。次のドレーの文章を見てみよう。

> 内閉的時間とはまさに主観的・個人的な時間であり、情感的・情動的な時間である。正確に言うなら、これは大文字の時間ではなく持続である。神話の無情な神クロノスが水時計によって瞬間や永遠として表現するような、気まぐれな持続である。睡眠や痴呆によって実現される全面的な非社会化においては、こうした持続のみが存続している。そのため、記憶力はイメージの流れに過ぎなくなっており、社会的拘束や理性的なカテゴリーから解放されて、空間や大文字の時間の外へとあふれ出ているのだ。（DM 99=114）

このように、ドレーは人間に固有の記憶力の領域として社会的と内閉的という二つの領域を措定し、それぞれに対応する時間が社会的時間と内閉的時間であるとした。内閉的な記憶力は、社会的時間が非社会化によって解体されることによって出現する。ドレーは人間の記憶力が社会的・内閉的の二側面によって構成されるとみなすが、彼が重視するのはやはり社会的な側面の方である。「社会的拘束や理性的なカテゴリーから解放されて、空間や大文字の時間の外へとあふれ出ている」という内閉的な記憶力の評価に、それは端的に表現されているだろう。[24] ここで重要になるのが、ドレーが社会的な記憶力を言語と深く結びつけている点である。すなわち、言語との関わりによって、ドレーは社会的な記憶力と内閉的な記憶力とを区別しているのだ。次のドレーの文章を見てみよう。

言語活動（langage）は、論理的な思考の結果であると同時に条件でもある。それは特に思考の集合的な機能である。言語活動を欠いた思考は、非社会化の道を歩む。つまり、多かれ少なかれ言語活動へと特化した痴呆の側面からすれば、失語症はもはや感覚運動的な記憶力の神経学的な解体には属していない。それは、社会的な記憶力の精神医学的な解体に属している。言語活動という枠組みの中で、記憶力の解体を考察せねばならない。言語活動は社会的な記憶力と不可分であり、それらは一体となっている。社会的な記憶力は言語活動の中にあるが、その逆も真である。それらは一緒に形成され、一緒に解体される。（DM 68=80）

ドレーは社会的な記憶力が解体している事例として失語症を取り上げ、そこで「社会的な枠組みのずれによって失語症が特徴づけられる」というアルヴァックスの見解を取り上げている（DM 68=80）。ドレーにとっては、失語症は感覚運動的な記憶力に生じる障害であるというより、社会的な記憶力に生じる障害なのである。それは、言語活動が社会的な記憶力と密接に関わっているからである。では、社会的な記憶力を成立させる言語活動は、時間とどのような関わりを持っているのだろうか。

ここで重要になるのが、先にも見たレシという概念である。そこでドレーが着目していたのが、レシが繰り返しではなく心的統合の次元で働くということであった。心的統合には、再認と時間意識が必要である。それはつまり、過去が過去として、かつ自分の過去として認識されるということが必要だということである。そこには、「意識化、先行性についての判断、帰属についての判断」(DM 15=27) が存在する。このドレーの議論について、もう少し詳しく見てみよう。

> 記憶はイメージではなく、時間の中でのイメージに対する判断である。記憶は、主体がイメージから対象を作る時に生じる。記憶が生まれるのは、話している時期がすでに自分から離れているということに気づく瞬間である。それは、同じ流れの中で二度水を浴びることはないと、老ヘラクレイトスが認める瞬間である。記憶化 (mémoration) という行為は、現在の構成 (construction du présent) という問題を生じさせる。現在を懐古するのに応じて、私は現在を創造する。また、現在を殺すのに応じて、私は現在を生きることになる。(DM 74-5=87)

ここでドレーが、記憶とイメージとを区別している点に注意しておこう。ドレーによれば、たんに再生されるだけのイメージは記憶ではない。ドレーは、たんに印象がイメージとして固定されることと、記憶化とを区別している。記憶化には、「時間の中でのイメージに対する判断」や、「主体がイメージから対象を作る」という営みが付随し、そのことによって記憶が生まれる。つまり、あるイメージが現在とは異なる過去として対象化され意味づけられる必要がある。ドレーはこうした記憶化の特徴を固定と区別して「現在の構成」という言葉で語っている。ドレーによれば、「記憶することは同化することであり、自分の人格全体に新しい印象を統合すること、つまり現在を構成することである」(DM 72=84)。

ドレーは「現在の構成」という議論を、ジャネの「現在化(présentification)」という概念から示唆を受けて展開している。ドレーによれば、ジャネが示したのは現在を構成することがレシの構成と不可分であることであり、そのことから、行為の瞬間にその行為をレシに変換することが現在の本質となるという(DM 75-6=87-8)。そして、「現在化されなかったものは、物語られずにただ繰り返されるだけ」(DM 75=88)だという。ドレーは現在化をレシと結びつけており、レシが不可能になることで記憶を形成することが不可能になると考えるのだ。「現在という概念はレシの構成と不可分であるため、レシの行為をまったく持たない人はすべて、現在を持たないことになる」(DM 76=88)とドレーは述べている。

このように、レシによって時間を体制化できるかどうかが、記憶力の成立においては要となるのだ。ドレーは、社会的な記憶力の特徴として意識的に過去を想起できることを挙げているが、そこにおいて重要になるのが「過去の階層性」を区別することである。この階層性は、「レシの階層性」——直接過去、近接過去、遠い過去、非常に遠い過去——と切り離せない(DM 97=111)。レシによって過去が階層化され、それが現在と統合されなければ、人間の社会的な記憶力は不十分なものとなる。それを典型的に表しているのが、幼児期健忘という事例である。ドレーは次のように述べている。

われわれの幼児期が三歳以前の記憶をほとんど残していないことは、長いこと注目されてきた。この忘却を抑圧によってフロイトのように説明するのは、大胆すぎるし根拠もない。三歳以前の子どもは昔の記憶を持たないと認める方が、より簡単である。というのも、その子にはまだ社会的な記憶力がないからだ。三歳以前の子どもは、印象は固定するけれども、それらを現在化し、現在と過去によって秩序づけられた歴史を構成することは知らない。……実際には、幼児期に関係するイメージがよみがえることもあり得る。だが、それが顕在化するのは、内閉的な記憶力においてのみである。（DM 76=89 強調原文）

このように、時間の体制化は「印象の固定」ではない。それは、印象を「現在化し、現在と過去によって秩序づけられた歴史を構成する」ことである。子どもはまだ、この時間の体制化を可能にする言語的な枠組み、つまりレシを十分に有していないのである。時間をレシによって体制化できない存在は、社会的時間を有さない。これがドレーの時間論の中核的な主張である。そのため、子どもや精神病患者といった存在は、社会的時間とは異なる内閉的時間を生きる存在として、内閉的な記憶力のカテゴリーに分類されている。そして、それはあくまで個人的な次元の問題として論じられ、社会的な次元とは峻別されている。

以上、ドレーの記憶論・時間論について検討してきたが、最後にその議論の問題点を検討しておこう。ドレーの議論の特徴は、記憶力における理性的・論理的な側面を重視し、社会的な記憶力として概念化して人間の記憶力の最上位に位置づけている点にある。ドレーのレシという概念は、社会的時間として論理的に時間が階層化されるうえで言語が果たす役割を明確に説明している。だが一方で、時間の理性的・論理的側面を強調するあまり、記憶力の情感的な側面は精神疾患などの極めて私秘的な領域の問題に押し込められてしまっている。

そのため、ドレーの記憶論においては、他者の記憶を共有するとか、自身が直接は経験していない過去を想起するといった問題、論理的側面のみだけではなく情感的側面も含みこんだ集合性の問題は十分に考察されていない。ドレーの議論は、あくまで個人の次元における記憶現象を中心にしており、アルヴァックスのいう〈集合的記憶〉の次元まで十分に説明できていないのだ。アルヴァックスが集合的時間として論じていたような時間の次元は、ドレーの議論からは十分に明らかにならない。つまり、個人のレベルで時間が理性的に統合されることの重要性や、そこに還元できない内閉的時間という時間のあり方については十分に論じられている一方で、時間意識が複数の人間の間で共有されて〈集合的記憶〉が成立するという議論は十分になされていないのだ。

この点に関連して、集合的なレベルでの時間をドレーのように理性的・論理的な側面が強調された時間に一括して論じる立場とは別の可能性を探ってみよう。中村雄二郎は、「自然的な時間に対しては広い意味での制度によって仲立ちされた二次的な時間」（中村［1979］2000:271）を、「社会的時間」と「文化的な時間」に分けて論じている。中村がこのような分類を行うのは、自然的な時間に対する二次化の方向が、両者の間では異なった形で行われているからである。

まず、社会的時間について見ていこう。中村は社会的時間を、「社会生活上の有効性によって区切られ秩序立てられた時間」（中村［1979］2000:271）と定義している。そして、この時間が「意識的で機能的な制度によって仲立ちされているために、ニュートン物理学の抽象的な時間、過去から未来へと均質に流れる時間、つまり水平の時間に近づく」（中村［1979］2000:271 強調原文）と指摘している。この時間は、ドレーが「社会的時間」として分類した時間にも対応するといえよう。

だがここで問題にしたいのは、中村が「文化的な時間」と呼ぶ時間の次元である。中村は文化的な時間を、「人々の間の交感や同化によって循環とリズムが強化されるとともに、非実用的な価値と形式によって秩序立てられた時間」（中村［1979］2000:271）と定義している。そして、この時間が「生きられる重層的な時間のなかにあって、無意識的で祭祀的な制度によって媒介されているために、直線的時間、水平の時間とは反対の方の極に、もう一つの極限の時間に近づく」（中村［1979］2000:271）と指摘する。ここで水平の時間である社会的時間と対比される文化的な時間のあり方を、中村は「円環的あるいは永遠の時間ともいうべき神話的な時間、いわば垂直の時間」（中村［1979］2000:271 強調原文）と呼んでいる。中村によれば、社会的時間（水平の時間）と文化的な時間（垂直な時間）の対比は、かつてギリシア人がクロノスとカイロスと名づけた二つの時間に対応するという。このような区別に基づき、中村は社会的時間を「社会生活上の機能的で実用的な時間、表層の時間」（中村［1979］2000:272）とし、文化的な時間を「祝祭的な時間、深層の時間」（中村［1979］2000:272）だとしている。

中村によれば、人間にとっての生きられる重層的な時間は、この二つの時間の組み合わせや絡み合いによって成立するという。アルヴァックスの〈集合的記憶〉は、この二つの時間を含み込んだ重層的な時間によって成立する。ドレーが「社会的時間」として論じたのは、中村のいう「社会的時間（水平の時間）」の次元である。だが、アルヴァックスが論じたような集合的時間について論じるためには、中村が「文化的な時間（垂直の時間）」と呼んだ時間の次元を検討せねばならない。つまり、時間の水平性だけではなく垂直性を論じる必要があるのだ。

ドレーの記憶論は、時間の水平性を成立させるうえで言語がどのような役割を果たすのかをうまく論じている。だが、ドレーの記憶論においては、時間の垂直性を成立させるうえで言語がどのような役割を果たすのかは論じられていない。では、時間の垂直性に言語からアプローチすることは不可能なのだろうか。時間の垂直性に関わる言語の次元は存在しないのだろうか。次節ではこの点について考察するために、第一章においても取り上げた野家啓一の議論を再び検討することにしたい。

五　言語と時間——物語り行為の観点から

本節では、前節で指摘した垂直な時間の次元を成立させる契機となる言語のあり方について考察していくことにしたい。そこで参照するのは、第一章第五節でも検討した野家啓一の物語り論である。野家は、過去の現象の仕方を歴史の「側面図」と「正面図」という対比で論じ、両者の違いを「水平に流れ去る時間」と「垂直に積み重なる時間」という時間意識の違いの問題として論じている。野家はアルヴァックスに言及していないが、こうした議論の構図は、〈集合的記憶〉と歴史を時間意識の違いによって区別したアルヴァックスの議論と多くの共通点を持つ。ただし、時間意識が何によって担保されるのかについては、両者の見解は異なっている。アルヴァックスが空間という契機を重視するのに対して、野家は言語という契機を重視する。本節では、この野家の議論について検討していきたい。

まず、歴史の「側面図」と「正面図」の対比について見ていこう。歴史の「側面図」とは、「等間隔に目盛られた線形時間の数直線上に配列された歴史的出来事の系列、一言でいえば『年表』モデルの歴史像」(野家 110)である。ここで重要なのは、「側面図」を特徴づける時間意識が線形時間であるという点である。そのため、この歴史の次元を認識する「私」は、「時間の外部に立って時間的推移を記述している」(野家 133)という。

それに対して歴史の「正面図」における過去は、「私に立ち現れている歴史風景そのもの」(野家 133)として、独特のリアリティをもって現象する。それは、「正面図」における時間が、数直線上に目盛られるような等質の線形時間ではなく、「濃密な時間と希薄な時間とが交錯しあい、現在の体験が数十年前の出来事と結びつくような非線形の時間」(野家 134)だからである。

野家は、こうした線形時間と非線形の時間の区別を、「水平に流れ去る時間」と「垂直に積み重なる時間」の区別として論じている。ここで重要になるのは、野家が「垂直に積み重なる時間」として論じている時間の内実と、それを成立させる契機としての言語のあり方である。つまり、野家が時間の垂直性に与えている内実と、時間の垂直性に関わる言語の次元が問題となる。

野家は、「水平に流れ去る時間」という時間表象を批判するために、「垂直に積み重なる時間」を概念化した。

「水平に流れ去る時間」という時間表象は、「直ちに直線上の線形時間を要求し、歴史的出来事をその数直線上に位置づけて能事終われりとしてしまう」（野家 182）。このような時間表象の問題点は、過去を現在とは無関係のものとして、超越的な視点から記述するという態度を生んでしまうことである。それゆえ、それは「歴史の形而上学を育む格好の土壌」（野家 183）として批判されるべきものなのだ。こうした物理学的な線形時間のオブセッションから解放されるために、野家は「垂直に積み重なる時間」を概念化したのである。

では、野家のいう「垂直に積み重なる時間」とはどのようなものなのだろうか。野家は「垂直に積み重なる時間」を、「歴史を記述するわれわれ自身が内属する『現在』という横断面に、雪のように絶え間なく降り積もり続ける時間」（野家 183）、「歴史の地層として幾重にも積み重なって沈殿した一種の地質学的時間」（野家 183）として定義している。ここで強調されているのは、こうした時間における主体が「水平に流れ去る時間」のように超越的な視点に身を置くのではなく、過去と現在の連続性を意識しているという点である。だが、ここで注意が必要なのは、過去と現在の連続性の意識を重要視しながらも、フッサールのように「流れ」として時間を捉えることを野家が批判している点である。

野家は、フッサールによる過去把持の連続性を基盤にした時間構成の理論が、「体験的過去の連続性には有効な説明を与えてくれる」（野家 271）点は認めている。たとえば、流れるメロディーの連続性の体験がそうである。だが、「その連続性は、体験したことのない歴史的過去にまで及ぶことはできない」（野家 271）。フッサールの場合は主体の意識による過去把持の作用に連続性の基盤を見たわけであるが、それでは個人の体験を越えた歴史的過去の連続性を説明できない。この点に関連して野家が指摘するのが、フッサール自身が歴史哲学を構想する際には、内的時間意識の分析とはまったく別の「理性の目的論」というアプローチを取らざるをえなかったということである（野家 271–2）。

さらに、そもそも記憶作用を説明するうえで、フッサールの過去把持の議論では不十分な理由が存在する。メロディーの連続性の体験が事例として挙げられていることが示すように、知覚的場面における過去と現在の連続性にフッサールは焦点を当てている。だが、そこでの過去は厳密な意味での過去とは言えないものである。そのためフッサールの議論は、実は知覚的現在を論じるに留まっていると野家は指摘する。以下、野家の解説に従いながらフッサールの議論を見ておこう。

フッサールの時間論においては、「原印象（Urimpression）」「過去把持（Retention）」「未来予持（Protention）」という概念が重要となる。「原印象」とは、「知覚的現在の意識」（野家 265）、つまり「今現在」与えられている印象である。だが、知覚的現在は原印象のみで成立しているわけではない。メロディーの連続に典型的なように、「今現在」聞こえている音には、「たった今」聞こえていた音と「今すぐ」聞こえてくるであろう音が伴う。そこには、「過去把持」と呼ばれる「『たった今』過ぎ去った音を現在の意識の中につなぎとめ、引きとどめておく働き」（野家 266）と、「未来予持」と呼ばれる「『今すぐ』聞こえてくるであろう音をあらかじめ待ち受ける現在の意識の働き」（野家 266）が関わっている。つまり知覚的現在は、「『過去把持——原印象——未来予持』という系列の統合によって構成されている」（野家 266）。そのため、知覚的現在は「点的な瞬間ではなく、一定の『幅と厚み』をもったもの」（野家 267）として現象する。

野家は、こうしたフッサールの時間論を、「現在が『点』に尽きるものではなく一定の『幅』をもつことについて、もっとも緻密な議論を展開した」（野家 265）理論として高く評価する。だが、野家によれば、メロディーの事例によってフッサールは「流れ」のメタファーに囚われてしまっているという。野家が引用しているフッサールの文章を見てみよう（野家 267-8）（訳語は野家に従う）。

しかし音の今の意識が、原印象が過去把持へ移行するにしても、この過去把持それ自身がこれまた一つの今であり、顕在的に現存するもの（ein aktuell Daseiendes）である。……それぞれの今が過去把持の過去把持へと変移し、しかも絶えず変移する。その結果過去把持の絶えざる連続体が生じ、そこでは後の各時点はそれ以前の各時点に対する過去把持となっている。したがって、すべての過去把持はそれぞれすでに連続体である。音が鳴り始め、〈それ〉が絶え間なく鳴りつづける。音の今は音の既在へ変移し、印象的意識は絶え間なく流れつつ次々に新しい過去把持的意識へ移行する。流れに沿い、流れに同行することによって、われわれは起点（＝原印象）に帰属する一連の不断の過去把持を所有する。（Husserl [1928]1966=1967:40-1 強調原文）

野家は上記のフッサールの議論に対して、「過去把持が幅をもった知覚的現在の構成契機である以上、そこから流れ去った過去把持は過去把持とは呼べないはずであろう」（野家 268）と批判する。野家によれば、フッサールの議論の問題点は、「第一次想起」（現在化作用である過去把持）と「第二次想起」（準現在化作用である再想起）を区別しているにもかかわらず、両者を共に「想起」として捉えてしまった点にあるという。それゆえフッサールは、両者の「種類の差」を「程度の差」へと縮めてしまったのだ（野家 268）。しかしフッサールは、「『流れ』のメタファーに訴えることによって、この過去把持の『連続的変容』を正当化」（野家 268）してしまった。そのため野家は、「過去把持の意識の中で捉えられる対象は、フッサール自身が『知覚』と明言している通り、過去のものではなく、あくまで知覚的現在に属しているのではあるまいか」（野家 269）と疑問を呈している。野家は音楽という聴覚的対象を俎上に載せて、以下のような考察を加えている。

交響曲の第一楽章を聞いているとき、過去把持の意識はたしかに連続している。その際、すでに過ぎ去ったメロディーも過去の音になったわけではなく、それは第一楽章の一部として意識されているのである。それが過去のものとして意識されるのは、第一楽章が終わり、第二楽章が始まってからのことであろう。そのとき第一楽章のあいだ持続していた過去把持の意識はいったんとぎれ、第一楽章はすでに想起（第二次想起）の対象となっているのである。ここに見られるのは「流れ」としての過去把持の連続性ではなく、むしろ別箇の出来事の間の非連続的な継起にほかならない。ある出来事が終わり、次の出来事が始まるとき、われわれはすでに終わった出来事を過去のものとして意識する。そこに働いているのは第一次想起（過去把持）ではなく、むしろ第二次想起（再想起）の方である。……「過去把持」は想起の一種ではなく、「幅」のある知覚的現在の不可欠の構成契機なのであり、過去は本来の想起（第二次想起）をまって初めて出現するものだからである。（野家 269-70）

このように、フッサール的な時間概念によって過去と現在の連続性を説明していくのには困難が伴う。そのため野家は、「『流れ』のメタファーから訣別し、体験的過去と歴史的過去とを共に『出来事の連鎖』として捉える」（野家 272）ために「垂直に積み重なる時間」という概念を提起したのだ。野家はこの時間の連続性を、「非連続の連続」（野家 273）として定義している。この定義が意味するのは、別個の出来事が非連続的に継起しているにもかかわらず、特定の出来事の間では連続性が意識されるという事態こそが「垂直に積み重なる時間」の本質だということである。

では、「非連続の連続」における非連続性とはどのようなものなのだろうか。野家は「垂直に積み重なる時間」を、「一枚一枚の透明なガラス板にそれぞれ別個の図柄が描かれ、それらがうずたかく積み重ねられているというイメージ」（野家 273）という視覚的比喩によって示している。そしてこのイメージにおいては、それぞれの図柄が個々の出来事に対応し、積み重なったガラス板の厚みが時間的距離になぞらえられるという。このように、野家は想起を「連続的なビデオ画像ではなく、非連続的な出来事のスナップショット」（野家 275）として捉えている。そのため、出来事どうしの連続性をフッサール的な「流れ」のイメージで捉えることはできない。それぞれの出来事は「『始まり――過程――終わり』という時間的分節によって個体化可能な存在者」（野家 272）であるがゆえに、知覚的場面におけるような「流れ」の連続性を想定することができないのだ。これが、「非連続の連続」における非連続性が意味することである。

では、「非連続の連続」における連続性とは、どのようなものなのだろうか。これは、フッサール的な「流れ」のイメージのように、幅を持った知覚的現在において過去と現在が流れの中に溶け合っているような連続性とは異なる。それは、「積み重なる」という地質学的な比喩で捉えられるような時間である。野家はこうした時間のあり方を、「均質的に流れる物理学的時間でないのはもちろん、過去把持の連続性に基づく現象学的時間でもなく、むしろ重層的に堆積して地平の融合をもたらす『解釈学的時間』と呼ばれるべきもの」（野家 279）として捉えている。ここで重要になるのは、この時間の「積み重なり」が所与のものとして実体的に想定できるものではなく、そこに解釈という契機が入り込んでいる点である。そして、この解釈を可能にする契機として、「物語り（narrative）」という言語行為を野家は重視する。次の野家の文章を見てみよう。

体験的過去と歴史的過去との断絶を橋渡しするのは、ほかならぬ物語り文である。物語り文は基本的には歴史的過去に属する二つの出来事を結びつける歴史記述の文章形式であるが、それは同時に知覚的現在、想起的過去、歴史的過去をも相互に結びつけることによって、それらの間の懸隔を埋め、統一的な歴史的時間を形作る働きをする。いわば歴史的時間は物語り文の中に折り畳まれているのであり、そうした物語り文のネットワークが「積み重なる」重層的な時間を形成しているのである。したがって、地質学的比喩によって語られる歴史的時間は「解釈学的時間」であると同時に

「物語り論的時間」でもあると言うことができる。(野家 295)

野家はアーサー・ダントーの「物語文(narrative sentence)」という概念を手がかりに、「物語る」という言語行為と時間との関係を論じている。野家によれば、「物語文」とは「時間的前後関係にある複数の出来事を一定のコンテクストの中で位置づけるような記述」(野家 88)である。そのため、それは「コンテクストが変化すれば、過去の出来事の意味づけも変わらざるをえない」(野家 88)性質のものである。野家は、「物語文は現在のパースペクティヴから過去を再解釈することによって歴史的伝統を変容させる『経験の解釈装置』にほかならない」(野家 89)と述べている。だが、こうした議論だけでは、過去のリアリティがなぜ生まれるのかは十分に説明できず、本書第一章で検討したような構築主義のアポリアに陥ってしまうのではないか。こうした批判を野家に対して向けることができるだろう。

第一章においても指摘したように、過去が現在において構成されることを指摘するだけでは、過去がなぜリアリティを帯びるのかをうまく説明することができない。そのため、過去が現在において再構成・再解釈されることを指摘するに留まる議論からさらに一歩踏み出す必要がある。そうしなければ、「水平に流れ去る時間」とは異なる「垂直に積み重なる時間」の垂直性の内実も分からないままだろう。なぜ物語り行為という言語行為が時間の垂直性を成立させ、過去にリアリティを帯びさせるのか。構築主義的な議論のアポリアを乗り越えるためには、この点を十分に検討する必要がある。

そこで着目したいのが、ストーリーとプロットという概念の区別である。野家は「物語り文が出来事の単なる『記述』だけでなく『説明』の機能をも持ちうることを明らかにしなければならない」(野家 324-5)と指摘し、両概念の区別に着目している。野家が参照しているのは、E・M・フォースターによる以下のような区別である(野家 325）。

われわれはストーリーを、「時間の進行に従って事件や出来事を語ったもの」と定義しました。プロットもストーリーと同じく、時間の進行に従って事件や出来事を語ったものですが、ただしプロットは、それらの事件や出来事の因果関係に重点が置かれます。つまり「王様が死に、それから王妃が死んだ」といえばストーリーですが、「王様が死に、そして悲しみのために王妃が死んだ」といえばプロットです。時間の進行は保たれていますが、ふたつの出来事のあいだに因果関係が影を落とします。……[25]ストーリーなら「それから？」と聞きます。プロットなら「なぜ？」と聞きます。これがストーリーとプロットの根本的な違いです。（Forster 1927=1994:129-30）

ストーリーは、複数の出来事を時間的な順序に従って「記述」するだけである。そこには、「なぜ」という問いは生じない。だが、プロットは因果関係を重視するため、「説明」という契機を伴う。つまり、「なぜ」という問いに答えている（答えようとする）のがプロットなのであり、それはストーリーよりも複雑な時間意識をもたらすことになる。野家は自らの「物語り」概念がプロットにより近いと述べ、物語り行為を「時間的に離れた複数の出来事を指示し、それらを〈始め―中間―終わり〉という時間的秩序に沿って筋立てる（plotting）言語行為」（野家 326）として特徴づけている。

ここで重要になるのが、プロットの設定の仕方によって説明のあり方も異なってくるという野家の指摘である。野家は、科学的説明と物語り的説明とを対比することで、物語りに固有の次元を浮き上がらせようとする。野家によれば、科学的説明が「二つの出来事を最短距離の『直線』で結びつける」のに対し、物語り的説明は「二つの出来事を多様な『曲線』で結び合わせる」という（野家 328）。これは、先に見た線形時間と非線形的な時間との対比、

「水平に流れ去る時間」と「垂直に積み重なる時間」との対比につながる問題構成である。

まず、科学的説明から見ていこう。科学的説明は、「一般法則を『中間』部に置いた一義的説明」（野家 328）を目指す。それゆえ、そこでは「主観的な二次性質や心的述語を記述のボキャブラリーから排除し、無視点的で客観的な説明のプロット」（野家 328）が洗練されていく。だが、そこで成立する時間性は、平板な「水平に流れ去る時間」でしかあり得ず、過去の出来事と現在の出来事との間に有機的な連関は形成されない。では、物語り的説明とはどのようなものなのだろうか。次の野家の文章を見てみよう。


直線と曲線という比喩を続けるならば、人間科学が用いる物語り的説明は、さしずめ「円錐曲線」ということになるであろう。人間科学は「行為」の記述を不可欠の要素として含んでいる。それゆえ、自然科学のようには、二次性質（感覚）や心的述語（意図や信念）を排除し、無視点的記述を貫くことはできない。しかし、科学である以上、それは客観性と普遍性を目指さざるをえない。多様な曲線ではなく、一定の制約のある円錐曲線と形容したゆえんである。（野家 329）

科学的説明は、結局のところ無視点的な記述に留まっている。それは確かに「なぜ」という問いには答えている点で物語り的説明の特殊ケースとみなせるが、科学という制度の範囲内における狭い判断基準に限定されている。したがって、「フォースターの区別に従えば、科学的説明が与えるのは『ストーリー』であって『プロット』ではない」（野家 331）。

それに対して、物語りという説明の形式に着目した時、「なぜ」という問いに対する説明は無限の広がりを見せることになる。そのため、自然科学と人間科学とでは、解明しようとする現実性の質が異なるのだ。野家はこの違いを「リアリティ」と「アクチュアリティ」の対比によって説明している。その際に野家が参照しているのは、木村敏による次のような両概念の区別である（野家 330-1）。

「リアリティ」と「アクチュアリティ」という二つの用語は、……辞書の上では両方とも「現実性」や「実在性」の訳語が当てられていて、実際にもかなり漫然と類語として理解されているようである。しかしそのラテン語の語源をたどると、リアリティのほうは「もの、事物」を意味する res から来ているし、アクチュアリティのほうは「行為、行動」を意味する actio に由来している。……つまり同じように「現実」とはいっても、リアリティが現実を構成する事物の存在に関して、これを認識し確認する立場から言われるのに対して、アクチュアリティは現実に向かってはたらきかける行為のはたらきそのものに関して言われることになる。（木村［1994］2000:13）

野家は、この文章を引用した直後に次のように述べている。

リアリティの解明はそれを「理解可能」なものとすることである。理解可能とは「万人にとって」ということであり、したがってそれは、特定の視点からの世界の見え方や感じ方を排除せざるをえない。自然科学が「非人称的科学」を理想として目指す理由がここにある。それに対して、人間科学が携わるアクチュアリティの把握は、それを各人にとって「受容可能」なものとすることだと言えよう。それゆえ、そこには「誰にとって」という視点と人称性とが介在し、それは「人称的科学」であらざるをえないのである。（野家 331）

「理解」ではなく「受容」。ここに、アクチュアリティとして現象する過去の現実感の基盤がある。理解は非人称的な科学でも可能である。だが、受容が可能になるためには、対象が人称的なものとして現れなければならない。そこに関与する契機が物語りという言語行為なのである。野家が述べているように、「理解不可能なものを受容可能なものへと転換する基盤である『人間の生活の中の特定の主題への連関』を形作ることこそ『物語り』のもつ根源的機能なのである」（野家 316）。

それゆえ人称的科学は、物語り的説明を支える不可欠のファクターとして「話し手と聞き手の間の人称的な関わりと相互作用」（野家 332）に着目しなければならない。なぜなら、そうした関わりや相互作用こそが、物語るという行為を成立させ、さらには「積み重なる時間」や「アクチュアリティ」と野家が呼ぶものを成立させるからである。野家は、臨床的な人間科学において「ナラティブ・セラピー」や「ナラティブ・ベイスド・メディスン（NBM）」などの流れが生じてきていることに着目し、科学的な説明に回収できない「アクチュアリティ」を問う流れが高まっていることに着目している。

過去が言語によって構成されることに着目する議論は、本書第一章でも批判してきた構築主義のアポリアにはまってしまいやすい。そこから抜け出すためには、構築主義的な認識を一度経たうえで、「現実性」や「実在性」を成立させる言語行為の次元を改めて問う必要がある。野家の議論は、一見すると構築主義のアポリアにはまりやすい議論に見えるが、こうした次元を追究する可能性を秘めた議論なのである。野家が述べているように、「方法としての物語り論は、空疎な倫理的裁断によってではなく、まさにこのような現場における具体的試行の中でこそ、その真価を問われるべきなのである」（野家 301）。

以上、野家の議論の検討を通じて、時間の垂直性を成立させる言語行為のあり方について考察してきた。最後に、これまでの考察を通じて導かれた展望について述べて、この節を閉じることにしたい。

物語り行為から時間の垂直性を考察していくには、どのような展開が考えられるだろうか。そこで重要になるのが、物語り論においては、「『誰が誰に向かって何を語るのか』という発話のポジショナリティが問題とならざるをえない」（野家 332）という野家の指摘である。そこから導き出されるのは、「歴史叙述の基本単位ともいうべき物語行為の構造分析」（野家 188）、野家が「歴史の遂行論（プラグマティックス）」（野家 188）と呼ぶ研究の必要性である。つまり、なぜ特定の物語りの形式の中では過去が現実性を帯びるのか、そのような形式にはどのようなものがあるのかという問いに基づく研究が必要なのだ。野家自身は、「生活世界の解釈学」（野家 80）としての柳田民俗学に可能性を見出しているが、それ以外の展開可能性も含めて時間の垂直性を成立させる言語行為の次元を探っていく必要があるだろう。

第五章　〈集合的記憶〉と空間

一 問題の所在

本章では、『集合的記憶』における「〈集合的記憶〉と空間」という章の読解を中心に、〈集合的記憶〉と空間の関係について考察していくことにしたい。〈集合的記憶〉を論じるうえでの空間の重要性について、アルヴァックスは次のように述べている。

空間的な枠組みの中で繰り広げられることのない〈集合的記憶〉は存在しない。ところで、空間とは持続する実在である。われわれの印象は互いに追い立てあうものなので、精神の中には何も留まらない。また、われわれを取り囲む物質的な場（milieu）によって過去が実際に保持されていなかったならば、われわれが過去を取り戻せるということは納得されないだろう。われわれが注意を向けなければならないのは、空間、われわれの空間なのである。この空間は、われわれが占有し、頻繁に立ち寄り、いつも近づいているものである。またそれは、いずれにせよ想像したり思考したりすることによって、機会あるごとに再構成できるものである。（MC 209=182）

まずここで思い浮かべられている空間的な枠組みとは、「物質的な場」、すなわち「われわれが占有し、頻繁に立ち寄り、いつも近づいているもの」としての物質的な空間である。そこには、物質的な痕跡が保存されており、人々はそれを知覚することによって過去との時間的なつながりを意識することができる。たとえばアルヴァックスは、都市空間をそのような空間の例として挙げている。

都市の内部にあるさまざまな地区や地区の中にある家々は、決まった敷地を持ち、樹木・岩石・丘・台地などと同じく大地と結びついている。その結果、都市集団は、街路や建物の様子が同じである限りは変化したという印象を与えないし、これほど安定しかつより長い持続を保証されている社会組織は、ほかには見当たらないほどである。たとえばパリやローマは、数々の戦争・革命・危機にもかかわらず、その連続性が一瞬たりとも断絶されることなく、何世紀も生き延びてきたように見える。（MC 197=168）

このように、過去の痕跡が物質的に保存された都市という空間は、都市集団の安定性や持続性を保証している。確かに、その都市とは関係のない集団からすれば、そこに古くから残っている物質的痕跡には大した意味がないかもしれない。しかし、都市集団にとってそれは「かつての集団の作品」（MC 200=172）なのであり、それを現在において目にすることで過去とのつながりを感じることができるのだ。つまり、物質的な事物を介して、過去の伝統と現在とは結びついている。アルヴァックスの次の文章を見てみよう。

昔の人々が構想したことは、物的配置の中、すなわち事物の中に具体化されている。また、地域の伝統の力は事物から集団へと伝えられているのであり、伝統とは事物のイメージなのである。（MC 200-1=172）

いわば事物の中には人々の過去の生が凝縮されているのであり、それを通して現在の人間は過去の伝統に思いを馳せることが可能になる。だがアルヴァックスは、物理的な空間だけでは、人間にとって「根源的な所与」とはなり得ないと一方で述べている（MC 209=183）。これはつまり、〈集合的記憶〉が成立するためには、過去が物質的な痕跡として保持されているだけでは十分ではないということである。現在に存続する物質的な事物だけが問題になるのならば、事物が残されていない過去を人は想起できないことになるだろう。確かに、人は物質的な事物を介して過去と結びつくのであるが、それだけが空間的な枠組みの本質ではない。むしろ、物質だけには還元できない空間の次元こそが問われなければならない。アルヴァックスはそう考えている。

事物の物理的で可感的な特質にだけ目を向けた場合の空間のあり方を、アルヴァックスは「学者や画家の空間」(MC 210=183)と呼んでいる。この空間は、われわれの属している集団との関係性から思考を引き離し、物質の抽象的な特質だけに注意を向けることによって可能になる。その時、「われわれは事物を、そのあるがままに見るのではなく、ただ事物のイメージを再現しようと努めている人々に現れるような姿において見る」(MC 210=183)という。そこでは、過去に事物と人々がどのような関係を結び、それを現在の想起主体がどのように受け継いで自らが生きる空間を表象しているのかが明らかにならない。

> 学者や画家の空間においては、他の集団にとって重要な記憶は位置を占めることがないし、保持されることもできない。そうでしかありえないのは、学者や画家の空間が、他の空間を除去することによって構成されているからである。しかしだからといって、他の空間が、学者や画家の空間が持っているような現実性を持たないというわけではない。(MC 210=183-4)

空間的な枠組みは、物質的な次元だけには還元できない。ではアルヴァックスは、空間的な枠組みをどのようなものとして考えていたのだろうか。ここで、アルヴァックスが空間を、「集団が外部の場と取り結ぶ安定した関係のイメージ」(MC 209=182)とも表現していることに着目してみよう。確かに、空間とは第一に物質的なものである。だがそれと同時に、それはイメージとして人々が表象するものでもあり、「想像したり思考したりすることによって、機会あるごとに再構成できるもの」(MC 209=182)でもある。つまり空間的な枠組みとは、物質的な空間と空間のイメージという二重の次元を持つものなのだ。

ある記憶を想起させるような事物が物質的に空間に保持されていなくても、空間のイメージが人々の精神の中に存続していれば、記憶を想起することは可能である。また、人々の間で空間のイメージが消え去りかかっていても、ある記憶を想起させるような物質的空間が残っていれば、そのイメージが復活することもある。この二つの次元は、それぞれが自律的に働くこともあれば、相互に絡まり合うことで空間の枠組みを成立させることもある。いずれにせよ、空間的な枠組みはこの二つの次元によって成り立っている。アルヴァックスは『集合的記憶』のヴァリアントにおいて、空間的な枠組みのこうした二重の性質を次のように表現している。

> 実際には、持続している（あるいは、持続しているように見える）のは、ある特定の形もしくは物質的配置――空間の中に投影された、集団あるいはその活動の形式もしくは構想――と、社会の本質的な思考や表象との間にある関係なのである。つまりそれは、事物との関係から生じるような集団の態度なのである。（MC 235）

次節では、こうした二重の性質を持つ空間のあり方を、アルヴァックスがどのように論じていたのかを詳しく検討していくことにしよう。

二　アルヴァックスの空間論

『集合的記憶』の空間論において注目すべきなのは、物質的な空間性とは別に、法・宗教・経済といった象徴的な原理によって構成された空間性が詳しく論じられ、空間的な枠組みが物質性と象徴性という二重の観点から捉えられている点である。[26] 象徴への着目は、すでに『伝説地誌』においてもその萌芽が見られる。

集合的な記憶（souvenir collectif）には常に二つの対象がある。一方は物質的な実在（像、モニュメント、空間の中の場所）であり、他方は象徴（精神的な意味として、集団の精神の中で物質的な実在に付随し重なり合うもの）である。集団が分裂したと仮定してみよう。集団の成員の何人かはその場所にとどまり、物質的な対象と向かい合い接触している。他の人々は、その物質的な対象のイメージを携えて、その場所から離れる。しかし、場所から離れた人々の場合には、対象は変化している。対象が占める同じ場所は、同一の場所のままではない。なぜなら、周りのすべてが変化しているからだ。対象を取り巻く物質的世界のさまざまな部分と、それはもはや同じ関係を持っていないのである。

（Halbwachs［1941］2008:128-9）

アルヴァックスは空間を構成する二つの契機として、物質的な実在と象徴に注目している。象徴が「集団の精神の中で物質的な実在に付随し重なり合うもの」とされているように、物質性と象徴性は断絶しているわけではない。両者は互いに影響を与え合う関係にある。だが一方で、物質的な実在から離れて象徴という次元が独り歩きしていくこともある。上記の引用で述べられているのは、空間内の場所やそこに置かれた像・モニュメントといった物質的な実在だけには還元できない空間性が、象徴によって構成されるということである。以下、筆者による解釈も加えながら、『集合的記憶』におけるアルヴァックスの議論を見ていこう。

アルヴァックスによれば、近代以前には社会関係は具体的な場所を中心として結ばれることが多かったが、近代以降は具体的な場所から離れた関係性が増加してきたという。アルヴァックスは、「近代社会においては、仕事の場所は、人々の住む住居とは明確に区別される」（MC 208＝180）と指摘する。ここで重要になるのが経済原理の台頭である。たとえば、サービスを対象とする取引、株取引や銀行取引などの貨幣取引のネットワークが広がっていくことは、具体的な場所から離れたネットワークの形成を可能にしてきた。経済という原理は、生産関係や購買関係によって人間どうしを結びつけるがゆえに、具体的な場所に依拠しない関係性を成立させることを可能にしたのである。見も知らない他人と貨幣を通じて交換関係を形成することができるのは、その典型である。

このように経済原理は、〈集合的記憶〉を支える原理として働くというよりは、それを解体する原理として働く。なぜなら、経済原理は時間感覚の変化を生み出すからである。経済原理は、将来的に利益を生むかどうかという観点から人間や事物を評価する原理である。それゆえ、生産や交換の現場における人間や事物を、過去よりも未来を中心にして評価するようになる。その人物が過去に何を行ってきたのか、その人物と過去にどんな関係を結んでいたのかといったことは、将来に得られる利益に比べれば取るに足りないことになる。つまり、過去から現在への連続性よりも、未来における利益という基準を中心にして人間や事物が評価され、その評価に基づいた関係性が形成されることになる。そのため、貨幣を仲立ちとしたその場かぎりの交換関係や、短期的利益を求めた刹那的投機のような交換関係が、経済原理の貫徹された社会において台頭してくるのだ。

経済原理は過去との持続する関係を切断し、視線を未来に向けさせるため、必然的に時間感覚の加速化を生じさせることになる。経済的な関係において過去から持続するのは、経済的な規則のみである。それさえ守れば、経済的な交換関係は持続するからだ。たとえば、市場という経済的空間においては、商品が販売されるまでは一定の固定された価格を守ることを余儀なくされるだろう（MC 225-6＝196-7）。だが、価格のような経済的に定められた規則以外の関係性は、経済原理によっては支えられない。経済原理は、〈集合的記憶〉に基づく人間関係に支えられなくても交換関係を可能にする。あるいは、そうした人間関係を排除した交換関係を可能にする。アルヴァックスの次の文章を見てみよう。

シミアンは、山中で旅行者に一杯の牛乳を提供した羊飼いの話をしている。羊飼いは、どのくらいの価格を支払ってもらえばよいか分からなかったため、都市（あるいは市場）で支払われる価格を要求したという。同様に、卵やバターを売る農民は、その価格を最近の市場での価格によって決めている。これらの記憶が極めて近接した時期に関係しており、それが経済的なやり方や思考を起源とするほとんどすべての記憶にも当てはまるということ。このことにすぐに、そして第一に注意を向けよう。また、生産において技術に依存するものや、今のところ考察する必要はないものをすべて除いてみるとしよう。その場合でもやはり、販売と購入の条件、価格、賃金などは絶えず変動している。さらに言えば、**最近の記憶がこれほど速く徹底的にそれ以前の記憶を追い払っている領域はない**のである。（MC 221=192-3 強調引用者）

アルヴァックスは市場を中心とする経済的空間について、「最近の記憶がこれほど速く徹底的にそれ以前の記憶を追い払っている領域はない」（MC 221=193）と述べている。これは、「人々が空間の中で占める位置ではなく、生産の中で占める位置」（MC 203=176）によって判断されるからである。アルヴァックスによれば、「経済面においては、人々は場所とではなく人格と結びついた資格に従って区別され、関係づけられる」（MC 203=176）という。つまり、市場における売り手と買い手という資格に還元されるがゆえに、経済的空間においては「かつての習慣や要求額や経験を忘れなければならない」（MC 222=193）のだ。それに対し、「交換の活動が最も濃密な範囲から離れるにつれて、〈経済的記憶〉は速度を緩め、より古い過去に依拠して現在から遅れる」（MC 223=194）ことになる。こうした違いを典型的に表しているのが、田舎の農民と都会の商人との違いである。

田舎の農民がかなり長い時間間隔をおいて市場や都市に出かける場合を考えよう。彼らは、自分が買い手ないし売り手であった時から価格は変化していないと想像することができる。彼らは昔の価格の記憶に基づいて生活している。だが、販売業者と顧客との関係がより頻繁な場（milieu）においては、もはや事態は同じではない。特に小売業者と卸業者の集団においてはそうである。彼らは自らの消費欲求を満足させるためだけに購入するのではなく、商品の流通をはかるためだけに販売するのでもない。すべての消費者と生産者のために、いわば代理人として売買をするのだ。こうした範囲においては、〈経済的記憶〉は各瞬間に最近の価格の状態や関係を絶えず更新し、固定しなければならない。ましてや、証券取引がされる株式市場[27]においてはそうである。証券の価格は日ごとに変わるだけではなく、同一期間においても時間ごとに変わる。なぜなら、買い手と売り手の意見を変化させるあらゆる力の作用が、そこではすぐに感じ取られるからだ。また、最も近い時期の価格に従う以外に、価格の動きを推測・予測する方法がないからである。（MC 222-3=193-4）

市場原理を中心に生きる人は、加速する経済原理に合わせて思考するようになる。そのため、新しい均衡の条件に適応するために、昔の習慣や経験を忘れていく。あるいは、忘却はしていなくても、過去を想起する時間的な余裕を失っていく。確かに、対面的な交換関係においては、経済原理以外の要素が介入する余地はあるだろう。だが、株式市場のように経済原理が徹底された空間では、時間の加速化は最大限に進み、過去との紐帯を断ち切っていくのである。つまり、経済原理に支配された空間においては、円滑な交換が進められる一方で、過去との断絶がもたらされて時間的な連続性を感じることが困難になるのだ。それが、「最近の記憶がこれほど速く徹底的にそれ以前の記憶を追い払っている」（MC 221=193）という状況を生み出している。

以上、経済的空間をめぐるアルヴァックスの議論を検討してきた。次は、法的空間について検討していこう。アルヴァックスは法的空間の特徴を明確化するうえで、経済的空間との比較を行っている。経済的空間は「価値（valeur）の世界」として定義され、それに対して法的空間は「権利（droit）の世界」として定義されている（MC 220=190）。では両者の違いとは何であろうか。

アルヴァックスによれば、両者とも物理的世界と非常に異なるという点は共通するという。だが、「われわれが対象を評価する場合には、他の人々との同意によって物質的世界のさまざまな部分に関するわれわれの権利の範囲と限界を決める場合よりも、物理的世界から隔たっている」（MC 219=190–1）という。この物理的世界からの隔たりは、株式市場という経済的空間に典型的であろう。現在や未来における交換価値を重視する市場という空間は、物理的世界における事物のあり方とは必ずしも関係を持たないためである。それに対して、法的空間では市場価値という観点からの評価とは別の仕方で関係性が結ばれる。すなわち、「所有権の行使や事物に関する契約締結」（MC 220=190）という形においてである。そのため、経済的空間と比較すると、法的空間はより物理的世界との結びつきが強いのである。

法という象徴的な原理は、所有関係や契約関係を成立させる。つまり法は、異なる人格どうしの間、人格と事物・場所との間に所有や契約という関係性を確立することで、「権利」という関係性に基づく空間のイメージを人々に抱かせる。そのことによって、空間どうしの境界を強く意識するようになると同時に、同じ法的空間の内部の人格や事物とは強い結びつきを感じるようになるのだ。アルヴァックスは次のように述べている。

古代人にとって、都市のイメージは都市の法律の記憶からまったく分離していない。今日でもわれわれは、自分の国を出て外国に行く時には、一つの法律地帯から別の法律地帯へと移っていると強く感じる。また、それらの地帯を区切

る線が地面の上に物質的に引かれていることを、強く感じる。（MC 219=190）

このように、法という原理によって、人々は物質的空間の境界を強く意識し、法的な地位と物質的空間における自らの位置とを強く結びつけて理解していた。アルヴァックスは、「いわゆる近代と呼ばれる時期以前には、領土の下位区分の詳細にまで立ち入らなければ、司法の機能も税体系も記述できなかった」（MC 204=177）と指摘している。実際、中世には地域ごとに変化する多くの制度が存在していたため、ある人間の居住地を知ることが、その人自身や身分を知ることと同義であったという（MC 204=177）。確かに近代以降は、法の前における平等という考え方のもとに画一化が進み、国民国家のもとに法が集約されて地域ごとの法律制度は減少した。だがそれでも、「法規を画一化することによって、土地の条件や人間の境遇までも画一化することはできなかった」（MC 205=177）とアルヴァックスは指摘している。

アルヴァックスによれば、近代以降の社会における法的な関係の基盤は、人々が権利を持つことと、必ずしも身分には従属しない義務を負うことで成立するという（MC 203=175-6）。法的空間の内部において、人は自らの権利を確立すると同時に、義務を背負うことにもなる。こうした関係性が可能となるのは、法によって担保される空間のイメージが、その場限りの交換関係とは違い、ある程度は連続するという感覚を人々が持っているからであろう。「人格は瞬間ごとに変化するが、法的資格へと変換されると変化しなくなる」（MC 216=186）と述べられているように、絶えず変化する世界は、法という力が失効しない限りでの同一性を担保されるのだ。つまり法とは、「諸個人のあらゆる特殊性を抽象化」することで複数の人格を同じ法的な時間の中へと統合し、過去からの連続性を担保する「擬制（fiction）」なのである（MC 216=186）。この「擬制」が強く働く事例として、アルヴァックスは相続と法人格という二つの事例に言及している（MC 216-7=186-7）。ここでは、相続をめぐるアルヴァックスの文章を見ておこう。

> ある人が死んで、嫡子が相続人として残された場合に、「死が生者をとらえる」ということが言われる。まるで何の妨げもなかったかのように、相続の権利が行使されるのである。つまり、まるで相続人と被相続人が一つの連続した人格であるかのように、相続が行われるのだ。（MC 216=186）

引用からも分かるように、相続とはたんに物質的な財産を引き渡すことだけを意味するのではない。相続においては、法という象徴原理の支えによって、被相続人の人格が相続人の人格へと連続するという「擬制」が可能となる。この「擬制」によって、集団の成員が死んで物質的には空間から消え去ったとしても、法的空間の中ではその人格が生者たちの人格へと連続することになるのだ。

以上、法的空間をめぐるアルヴァックスの議論を検討してきた。以上の考察からすれば、法的空間は、〈集合的記憶〉を解体する経済的空間とは異なり、〈集合的記憶〉を支える方向へと作用するとまとめることができるだろう。最後は、宗教的空間についての議論を見ていくことにしたい。

アルヴァックスは『枠組み』において、「あらゆる宗教は名残（survivance）である。宗教とは、ずっと前に過ぎ去った出来事や死んだ聖人たちを、共に記憶すること（commémoration）にほかならない」（CS 285 = 372）と述べている。ここからしても、宗教という象徴原理が〈集合的記憶〉と深く結びつくことは理解されるだろう。では、どのようにして宗教は〈集合的記憶〉の成立に寄与するのだろうか。

空間という観点からここで重要になるのが、「聖なる世界と世俗的世界という、宗教社会にとって本質的な分離は、空間において物質的に実現されている」（MC 227=199）というアルヴァックスの指摘である。ここで重要なのは次の二点である。一つ目は、宗教的空間の成立において聖と俗の分離が要となるという点。二つ目は、宗教的空間の成立においては物質的空間が特に重要な契機となるという点である。

一つ目の点から見ていこう。聖なる場所は、世俗の空間から分離されることによって、世俗の空間とは異なる原理に支配されることになる。つまり、聖なる場所を設定することで、そこに位置づけられた出来事や人物が世俗の時間を超えた永遠性を獲得することになるのだ。アルヴァックスによれば、「信者たちの集団が選択した地面の部分や空間の領域は、他のすべての人々にとっては『禁域』である。だが同時に、信者たちはそこで避難所と拠点に出会い、そこに自らの伝統を置く」（MC 233=206）。また、聖なる場所は礼拝という実践にも結びつくことで、過去と現在との結びつきを強化している。

信者たちが礼拝の場所（lieu du culte）にいる時、われわれは彼らと共通の精神状態にあることに気づく。そこで重要となるのは、本来の意味での出来事ではなく、感性や思考が同じような気質や方向を持つことである。そこにこそ、宗教的な〈集合的記憶〉の最も重要な核心と内容が存在している。ところで、そうした核心と内容が聖別された領域に保持されていることは疑いない。というのも、そこに戻るやいなや、そうした核心や内容が見いだされるからである。（MC 227-8=200）

このように、宗教的空間は聖と俗の分離によって成立する。ここで二つ目の重要な点についても見ておこう。すなわち、宗教的空間が特に物質的空間を重要な契機とするという点である。

他のどの集団にもまして、宗教集団は物（持続する実在の何らかの部分）に依拠する必要がある。なぜなら、周囲で

> あらゆる制度や慣習が変化し、観念や経験が更新されたとしても、宗教集団は自らが少しも変わっていないと主張するからだ。他の集団は、規則や取り決めが同じままなのはある期間（それも限られた期間）の間であると、成員たちを説得するだけで満足してしまう。だが、その今日の姿が初めの姿とまったく違うということや、将来に変化する運命にあるということを、宗教社会は認めることができない。とはいえ、思考や感情の世界には、宗教集団にとっての安定の要素はまったくない。そのため、物質の中、そして空間の一つないしそれ以上の部分の上で、宗教集団はその均衡を揺るぎないものにしなければならないのだ。（MC 228-9=201）

聖と俗の分離に象徴されるように、宗教的な想像力が宗教的空間の成立には大きく関わっている。だが、想像力の次元だけでは、不変性を担保する契機としては不十分である。それゆえ、物質的空間による支えが特に重要になるのだ。アルヴァックスは次のようにも述べている。

> 周囲のすべてが変化したのに、宗教社会は自らが少しも変化していないと信じ込んでいる。ただし、そう信じ込むことができるのは、最初に宗教社会が設立された場所を見出すという状況か、少なくとも周囲にそうした場所の象徴的なイメージを再現するという状況がある時だけである。なぜなら、場所は物質的な事物の安定性を分有しているからだ。また、場所に定着してその境界内に閉じこもり、自らの態度を場所の配置に従わせることで、信者たちの集団が持つ集合的思考が固定され持続する機会が増えるからだ。まさにこうしたことが、記憶すること（mémoire）の条件なのである。（MC 232=205 ヴァリアントあり）

このように、聖と俗の分離によって構成される宗教的空間の不変性は、物質的空間の不変性によって支えられる。

そして、物質的空間における具体的な場所が聖地として設定されているからこそ、宗教的空間はその力を保つことができたのである。宗教地理や宗教地誌の存在は、物質的な場所が宗教的空間の成立においていかに重要な契機となるかを物語っている（MC 230–1＝202–3）。

だがこのことは、宗教的空間が常に不変であることを意味するものではない。宗教的空間において物質的空間が重要な契機となるからこそ、物質的空間をめぐってさまざまな闘争が繰り広げられてきた。そのため、実際には聖地は時代を通じて変化し、それに伴い宗教的空間も変化してきた。そして、宗教的空間の変化に伴い、過去の位置づけにも変化や矛盾が数多く存在してきたのだ。だが、教会や信徒はこれらの変化や矛盾を甘受してきたという。

しかしながら、教会や信者たちはこれらの変化や矛盾に順応してきた。それは、場所を思い描くことで、そこに結びつけられた出来事を喚起することが、〈宗教的記憶〉にとって必要だったからではないだろうか。確かに、すべての信者がエルサレムに巡礼し、聖なる場所を自分の目でじっくりと眺められるわけではない。しかし、それらの場所を想像し、それらの場所の存続を知るだけで信者たちには十分なのである。彼らは決して、場所の存続を疑いはしなかったのだ。（MC 230–1＝203–4）

ここで重要な点は、実際には目にすることができなくても、物質的空間に聖なる場所が現実に存在するということである。その場所は、必ずしも歴史的な事実と正確に一致している必要はない。重要なのは、宗教的な想像力と物質的空間が対応していることなのである。つまり、宗教的な想像力が物質的空間において具体的に実現されている場所の存在が重要なのだ。それゆえ、宗教的想像力を具体化する場所が同時期に存在することの是非をめぐって、宗教的な対立が繰り広げられてきたのである。『集合的記憶』以前の『伝説地誌』において、聖地をめぐる闘争が主題化されていたのはそのためである。

以上、「〈集合的記憶〉と空間」におけるアルヴァックスの議論を検討してきた。アルヴァックスの空間論においては、物質的な痕跡が保持された空間の問題だけではなく、空間のイメージを形成する象徴的な原理の重要性が論じられている。これがアルヴァックスの空間論の独自性である。だが、アルヴァックスの空間論の意義は、物質的空間と象徴的空間という二重の空間性について論じていることにはとどまらない。そこで注目したいのが、アルヴァックスがその空間論においてしばしば「空間（espace）」ではなく「場（milieu）」という概念を用いている点である。次節では、この「場」という概念を中心にアルヴァックスの空間論の意義を検討していくことにしよう。

三　「場」という概念をめぐって――デュルケームを中心に

これまでの研究においても、アルヴァックスの記憶論における空間の重要性は指摘されてきた。一方で、彼の空間論における「場（milieu）」という概念の重要性に着目した研究は皆無だといえる。だが、次のアルヴァックスの文章からも明らかなように、彼の記憶論を理解するうえでこの概念を避けて通ることはできない。

> 記憶の継起は、もっとも私的な記憶の継起でさえも、常にわれわれと集合的な場との関係において生じる変化によって、すなわち、結局はこれらの場の個々の部分や総体において生じる変形によって説明される。（MC 95=43）

本節では、この「場」という概念について検討していくことにしよう。フランス語の milieu は、通常「環境」と訳されることの多い environnement とは異なったニュアンスを持っている。たとえば、日常的な使用の文脈においても、être dans son milieu（気がおけない場所にいる）、au milieu de …（…の間で、…に囲まれて）、milieux littéraires（文学界）といった用例がある。これらの用例が示しているように、milieu は、主体から独立した外部の物理的な環境を表すというよりは、主体と不可分な空間性、人間の活動によって意味づけられた世界としての空間性を表す語として使用されている。そのためこの概念は、浅野房世と高江州義英が指摘しているように、「人が何かの行動を起こす中心であり、その行動を志向させる空間」、「そこに存在する人間の文化や生活を基盤とする意味を包括しての環境」、「人間を包みこむ皮膜のような役割を示すもの」、といった形容によって語られる空間性を示している（浅野・高江州 2008:121）。

フランス語の milieu に含まれる上記のようなニュアンスは、この語の来歴にも起因している。木岡伸夫によれば、milieu というのは物理学で「媒体」「媒質」を意味する語であり、十九世紀には生物主体を取り巻く「環境」の意味で用いられるようになったという。またこの概念は、英語から導入された environnement が主体から独立した外部を表すのとは異なり、主体と不可分な存在条件という意味で、「風土」（「気候（climat）」の意味ではない）にも対応させられるという（木岡 2011:174 注４）。実際に、フランス人の文化地理学者であるオギュスタン・ベルクは、和辻哲郎を意識して milieu に「風土」の訳語を当てている。

ここではベルクの空間論にまでは立ち入れないが、ここで押さえておくべきは、主体から独立に存在する外部空間ではない空間性、いわば「生きられる空間」とでも言うべきものを milieu が表しているという点である。以上を踏まえ本書では、自然環境を指すことの多い environnement の定訳である「環境」や、espace の定訳である「空間」と区別するために、milieu に「場」という訳語を当てることとする。この語に「場所（lieu）」という語が含まれていることからも示唆されるように、「場」は個々の「場所」に基づいて形成される空間性を表しているため、

「環境」ではなく「場」という訳語が適切であろう。

では、この「場」という概念には、どのような展開の可能性があるのだろうか。主体と不可分な存在条件としての空間性を概念化するという姿勢は、ヤーコプ・フォン・ユクスキュルの「環世界（Umwelt）」論とも近い立場だと言えるだろう。「場」が「環境（environnement）」と区別されるのと同じように、「環世界」は客観的な「環境（Umgebung）」とは区別されるものとして概念化されているからだ。「環世界」とは、それぞれの生物主体が環境の中の諸物に意味を与えて構築している世界のことである。本書の文脈で重要なのは、「環世界」の違いが、時間感覚の違いも生み出しているという点である（Uexkull und Krisazat［1934］1970=2005:23-4）。このことが意味するのは、それぞれの主体が生きる空間は、その空間性に応じた時間感覚をそれぞれの主体へともたらすということである。こうした問題意識は、空間によって連続する時間の幻想が支えられるというアルヴァックスの空間論と近いものだと言えるだろう。

ただし、ユクスキュルの「環世界」とアルヴァックスの「場」とを完全に同一視することはできない。というのも、ユクスキュルの「環世界」論は、主に生物の感覚器官の構造に焦点を当てて「環世界」の構造について論じているからである。ユクスキュルの議論は、それぞれの生物主体が感覚器官の構造に基づいてどのような世界を知覚しているのかをうまく説明することはできるだろう。だが、感覚による知覚に回収できない次元、つまり過去という現前していないものが主体にどのような影響力を及ぼすのかという記憶作用に関わる問題は、ユクスキュルの議論からは十分に明らかにはならないのだ。ユクスキュル自身が「環世界」論の中心課題を知覚の問題だと明言していることからしても、それは明らかだろう（Uexkull und Kriszat［1934］1970=2005:28）。

また、ユクスキュルの議論においては、人間が形成する社会的な空間がそれぞれの主体の認識にどのような影響を与えるのかという問題には、焦点が当てられていない。確かに、天文学者や物理学者といった立場性によって人間の「環世界」の構造が異なるという指摘はなされているが、踏み込んだ考察は行われていない（Uexkull und Kriszat［1934］1970=2005:155–8）。そのため、主体によって生きられているという側面を重視するユクスキュルの「環世界」論の有効性を認めたうえで、ユクスキュルとは別の観点からアルヴァックスの「場」について考えていくことが必要になる。つまり、感覚器官から「環世界」を研究するという生物学的なアプローチとは別の視点から、「場」について考えていく必要があるのだ。そこで重要になるのは、アルヴァックスが象徴に着目して空間を論じていた点である。なぜアルヴァックスは空間を論じる際に象徴を重視したのか。この問いに答えるためには、彼がどのような文脈の下で「場」という概念を使用しているのかを検討する必要があるだろう。

アルヴァックス自身は、『集合的記憶』においてこの語を多用している一方で、「場」という概念について詳しく定義を行ったり、この概念がどのような来歴を踏まえて使用されているのかを明示したりしていない。だが、この「場」という概念は、デュルケームが社会形態学で用いた「場」という概念を継承したものであると考えられる。デュルケームによれば、人間は有機体（organisme）・外界（monde extérieur）・社会（société）という三種類の「場」にのみ依存しており、個人の性質の変化を十分に説明しうるのは社会という「場」だけだという（Durkheim［1893］2007:339–40=1989下:188–9）。

デュルケームは『自殺論』において、自殺に影響する「場」として宗派・家族・政治社会・職業集団などを挙げている（Durkheim［1897］2007:148=1985:170）。そしてアルヴァックスは『枠組み』において、家族・宗教社会・社会階級などを「場」の具体例として挙げている（CS 283=369）。このように、「場」は特定の集団と深く結びつくもの、あるいは特定の集団それ自体を示すものである。ただし、「場」をたんなる概念的カテゴリーとしての集団を意味するものとして理解してはならない。「場」はあくまで集団という社会関係を体現する空間であり、その空間性を中心に考察する必要がある。「集団の数と同じだけ空間を表象する仕方が存在する」（MC 232=205–6）とアルヴァックスが述べるように、「場」の空間性は集団のあり方を体現しており、その空間性に応じてさまざまな集団を区別できるのだ。「場」を集団と同一視できるのは、「場」が構造化されて安定しているがゆえに、そこに身を置く人々の間に共有される仲間意識が実体的な集団をイメージさせるからに過ぎない。

デュルケームによる「場」の定義をさらに見ていくことにしよう。彼によれば、「場」は事物（chose）と人格（personne）[28]という構成要素が結合した領域である。ここで事物とは、たんなる物質的なモノだけを意味するのではない。そこには、「以前の社会活動の産物——定められた法律、確立された習俗、文学や芸術における不朽の名作など——」（Durkheim［1895］2007:112=1978:222）までもが含まれる。それゆえ、「場」をたんなる物質的空間やそこにおける物質の配置に還元することはできない。「場」の中には、物質的な次元に還元できない法律や習俗といった事物や、死者といった人格などが含まれるのであり、「場」はこうした象徴的な次元も構成要素として成立している。

ただしここで注意が必要なのは、不可分な原子間のネットワークとして「場」を考えてはならないという点である。「場」はその構成要素に浸透し混ざり合っており、諸要素は不可分な原子としての固定化された輪郭を持たない。デュルケームが述べるように、「場」においては、「われわれの内部には、われわれとは別のものが存在している」（Durkheim［1898-99］2012:84=2010:143）。つまり、「場」における事物や人格の輪郭は、「場」全体が持つ力学によって決定されるのであり、諸要素どうしが浸透し合うこともあり得るのだ。

たとえば、貨幣という事物に典型的だが、金属や紙という物質だけを取り上げてみても、それが人々の間で持つ意味や輪郭を理解することはできない。ある「場」においては貨幣として機能する事物も、ほかの「場」においてはただの物質でしかない場合があるからだ。同様に、個々の人格も、物質的な「個体」に還元することはできない。それぞれの人格には、別の人格が浸透している場合もあるし、複数の事物や人格が融合して、「国民」のような集合的人格を構成している場合もあるからだ。このように、「場」の構成要素である事物や人格は、全体としての「場」から切り離して考えることができない。そのためデュルケームは、「場」の構成要素を独立して捉えるのではなく、「場」それ自体が持つ属性を分析するべきだと述べている（Durkheim［1895］2007:112=1978:222）。では、「場」それ自体が持つ属性とは何だろうか。デュルケームは、「社会の規模（volume de la société）」と「動的密度（densité dynamique）」の二つを挙げている。「社会の規模」については説明不要だろう。問題なのは、「動的密度」が何を意味するかである。

この後者の語［動的密度――引用者注］については、……集合体の純粋に物質的な密接性ではなく、……道徳的な密接性（resserrement moral）だと理解しなければならない。動的密度は、規模が同じ場合には、たんなる商業的な関係ではない道徳的な関係を実際に持つ諸個人の数に応じて定義される。つまり動的密度とは、サービスを交換したり競争したりするだけではなく、共同の生を生きる諸個人の数に応じて定義されるのだ。というのも、純粋に経済的な関係というのは人間を互いに外部に置いたままにするため、同じ集合的な存在（existence）へと参加することがなくてもその関係は維持できるからである。（Durkheim［1895］2007:112-3=1978:223）

デュルケームはここで、「動的密度」が「たんなる商業的な関係ではない道徳的な関係を実際に持つ諸個人の数に応じて定義される」と述べている。道徳的な関係とは、主体が義務によって道徳的に拘束されることだと解釈できるだろう。ここには、〈集合的記憶〉と「場」の関係を考えるうえで重要な論点がある。本書ではこれまでも、過去のリアリティがいかにしてもたらされるのかという問いを一つの重要なテーマとしてきた。そこで論じてきたのは、過去と連続しているという時間意識を持つからこそ、過去がリアリティをもって現象するのであり、その時問意識は空間によって成立・解体させられるということである。

だが「場」概念の検討を経た今、過去のリアリティをめぐる問いに対して、次のような仮説も提示することができるだろう。それは、過去との間に道徳的な関係性が樹立され「道徳的な拘束」として立ち現れてくるからこそ、人は過去との強いつながりを感じる、という仮説である。道徳的な拘束とは、過去に対する負い目や恩義の感覚とも言い換えられるものであり、過去との何らかのつながりを感じなければ生じ得ない感情である。人が忘れ得ない過去というのは、しばしば強い責任の感情や罪悪感、深い愛着の感情などを伴うものである。こうした感覚があるからこそ、過去は現在の主体が恣意的に歪曲したり忘却したりすることのできないものとして現れ、現在の主体との強い結びつきを形成する。以上の考察を踏まえるならば、「場」における道徳的な拘束の性質とそれを樹立する要因を問うことによって、過去のリアリティがなぜ生じるのかを説明できることになるだろう。その点で、デュルケーム社会学の問題意識と記憶論は接合可能なのである。

では、道徳的な拘束力を樹立する要因とは何だろうか。ここで重要になるのが、法・宗教・経済といった象徴的な原理である。先の引用においてデュルケームは、「純粋に経済的な関係」というものが道徳的な関係をもたらさないと指摘していた。それに対して、法や宗教という象徴的な原理は、社会の中核をなす原理としてデュルケーム社会学において重要なテーマとなっている。ここから、アルヴァックスがその空間論において象徴的な原理に着目したことの意義が見えてくる。アルヴァックスの記憶論は、道徳的な拘束をもたらす（あるいは解体する）象徴的な原理の考察へと向かっていたのだ。デュルケームの「場」の概念の解釈を通じて見えてきたのは、道徳論・象徴論として記憶論を展開するという展望である。次節では、この展望について論じていくことにしたい。

四 道徳論・象徴論としての記憶論

前節では、デュルケームの「場」概念の検討を通じて、記憶論を道徳論・象徴論として論じる可能性を示唆しておいた。本節では、この点をさらに掘り下げていくことにしよう。

まず、「場」という概念と道徳・象徴とのつながりを、デュルケームの社会学構想から改めて確認しておくことにしたい。デュルケームは自らの社会学を、「社会形態学」「社会生理学」「一般社会学」という三つの区分によって構想していた。「社会形態学」は、社会の形態ないし構造を明らかにするものであり、「一般社会学」は、社会科学の哲学ないし理念に相当する。そして、「社会生理学」は、社会を構成する制度や分野の解明に向かうものであり、その下位区分としては、宗教・道徳・法・経済・言語・芸術が考えられていた（中 1979:80; 竹沢 2010:111）。

ここで重要になるのは、社会形態学と社会生理学との関係である。デュルケームは、社会形態学における「場」という概念を、生理学者クロード・ベルナールの「内部環境（milieu intérieur）」の概念から着想して概念化している。そのため、社会形態学と社会生理学は合わせて考察される必要がある。ここで重要になるのが、社会生理学において、宗教・道徳・法・経済・言語・芸術が主要なテーマになっている点である。「場」においては道徳的な関係が軸となるという本書での解釈にしたがえば、これらのテーマをたんに並列的な関係にあるものと解釈すべきではない。中心となるのは道徳という原理であり、それに関連する原理として宗教・法・経済・言語・芸術が主題となっているのである。

では、道徳論・象徴論という観点から記憶論をどのように展開していくことができるのだろうか。本稿でのこれまでの議論に加えて、デュルケームやアルヴァックスの議論を新たに参照しながらこの点について検討していこう。

まず考察すべきは、道徳が〈集合的記憶〉とどう関わるのかという問題である。前節でも指摘したように、デュルケームにしたがえば、道徳的な関係は道徳的な拘束力として立ち現われてくる。道徳的に拘束されているというのは、過去に対して何らかの負債感を感じている状態を意味している。過去に対する負債感は、必ずしもネガティヴなものだけとは限らない。過去への愛着や恩義の感覚のように、ポジティヴな形での過去とのつながりを感じさせる道徳的な拘束も存在する。それゆえ、負債感の内実を考察することを通して、「過去の現象の仕方の違いが生じるのはなぜか」という問いに一定の解答を与えることができるだろう。この議論は、その都度の現在における再構成には回収できない過去のリアリティを問ううえでも重要である。

さらに考察する必要があるのは、現在の主体と過去とのつながりを形成する道徳性の内実である。この点に関連して、『道徳教育論』における道徳性の区別を参照しておこう。デュルケームは道徳性を、「規律の精神（esprit de discipline）」、「社会集団への愛着（attachement aux groupes sociaux）」、「意志の自律性（autonomie de la volonté）」の三つに区分している。これら三つの道徳性の違いは、それぞれの主体がどのように過去を受容するのかの違いに対応していると考えられる。ここでは、「規律の精神」と「社会集団への愛着」の二つの違いについて見ておこう。[29]

デュルケームによれば、「規律の精神」が厳しく命令的なものとして現れるのに対し、「社会集団への愛着」は望ましく魅力的なものとして現れるという（Durkheim［1898-99］2012:154=2010:272）。また、前者は「われわれに命令し、秩序を押しつけ、その法を課してくるような社会」（Durkheim［1898-99］2012:100=2010:173）であり、権威的なものとして現れる。そして、「この権威は、われわれを抑制して限界を定め、われわれの侵害行為を戒める」（Durkheim［1898-99］2012:100=2010:173）ものだという。それに対して、後者は「望ましく善きものとしての社会、われわれを引き寄せる目的としての社会、実現すべき理想としての社会」（Durkheim［1898-99］2012:100=2010:173）、「われわれを庇護する友好的な力（puissance）、われわれを養う母」（Durkheim

[1898-9]2012:100=2010:173）として現れる。それゆえ、後者が優勢となる時、「われわれの意志は、感謝と愛をほとばしらせて、この社会へと向かっていく」（Durkheim [1898-99]2012:100=2010:173）ことになるのである。

この二つの道徳性の違いは、過去が強制的な義務として現象するのか、それとも愛着を感じる望ましいものとして現象するのかという違いをもたらすと考えられるだろう。道徳的な意識や判断の違いが、過去の現象の仕方を決定するのである。したがって、道徳性の違いを突き詰めて検討することは、記憶論にもつながる問いなのである。

次は、「道徳的な意識や判断を成立させる契機は何か」という問題について考えていこう。デュルケームの道徳論については、「道徳的判断の基準についての考察は欠如している」（小関 1993:23）という指摘もなされてきた。だが、デュルケーム社会学において道徳論と象徴論とが密接に関わるものであることを踏まえると、象徴が道徳的判断の基盤となると解釈することもできるだろう。つまり、道徳を反映するものとして象徴が論じられているだけではなく、道徳を成立させる契機としての象徴についても論じていることが、デュルケームの象徴論の意義なのである。

道徳を反映するものとしての象徴については、社会的連帯のシンボルとして法律が分析されていることが指摘できるだろう（Durkheim [1893]2007:28=1989 上:118）。では、道徳を成立させる契機としての象徴の次元を、デュルケームはどのように論じているのであろうか。デュルケームの象徴論については、「記号」と「象徴」の意味が厳密に区別されていないという批判もなされている（中 1979:278）。だが本書では、清水強志が指摘しているように、象徴を「記号や目印の背後に何ものかを指示する意味形象がなされること」（清水 2007:93）として捉えておく。清水は、シーニュ（記号）を「単なる差異を示す」もの、シンボル（象徴）を「価値判断を含むもの」として捉えているが、本書もこの解釈にしたがってデュルケームの象徴論を積極的に評価することにしたい（清水 2007:107 注11）。

こうした解釈は、決して的外れではない。デュルケーム自身が、「象徴がなければ、社会的感情は一時的にしか存続できないだろう」（Durkheim［1912］2008:330=2014上:502）と述べ、象徴の積極的な意義を指摘しているからである。では、道徳的な関係を成立させる契機として象徴はどのように働くのであろうか。ここで重要になるのは、象徴体系の違いが道徳性に与える影響の違いである。[30]

先にデュルケームの「場」概念を検討した際に、道徳的な関係と対立するものとして経済原理が挙げられていることは確認しておいた。つまり、〈集合的記憶〉を解体するのが経済原理である。それに対して、アルヴァックスが論じていたように、法や宗教という象徴原理は〈集合的記憶〉を成立させる積極的な契機として働く。ここで問題にしたいのは、その機能の違いである。

内藤莞爾は、デュルケームのいう道徳の義務性を拘束と善とに分類し、「狭義の道徳：拘束＝善」、「宗教：拘束＜善」、「法：拘束＞善」という整理を行っている（内藤 1993:79）。つまり、「規律の精神」を成立させるのが法であり、「社会集団への愛着」を成立させるのが宗教というわけである。このような分類が成立する背景として内藤が指摘するのが、デュルケームの法が「義務―違反―制裁という社会学的モデルを原型として、法規―犯罪―処罰の過程をたどっている」（内藤 1993:84-5）点である。[31]

では、なぜ宗教を「社会集団への愛着」を成立させる原理として捉えることができるのだろうか。この点については、内藤も明確な指摘は行っていない。確かに、デュルケーム自身が、「道徳が本質的に宗教的であればあるほど、強制（obligation）という観念は消え去っていく」（Durkheim［1924］2010:102=1985:98）という指摘を行っている。だが、なぜそうなるのかについては、デュルケーム自身がその道徳論において積極的に論じているわけではない。この点については、『宗教生活の原初形態』におけるデュルケームの宗教論を再検討することが必要になるだろう。そこでは、消極的礼拝による聖俗分離によって聖なるものが権威を帯びるという議論や、積極的礼拝によって聖なるものとの交流がなされるといった議論が展開されており、いわば「規律の精神」と「社会集団の愛着」の両面が論じられていると解釈できるからだ（Durkheim［1912］2008=2014）。そのため、両者の違いがなぜもたらされるのかについて、道徳性への関与という観点からデュルケームの宗教論を検討し直す必要がある。

またこの点に関しては、本書では必ずしも十分に論じられなかったアルヴァックスの宗教論を再検討する必要もあるだろう。本章第二節でも見たように、アルヴァックスもデュルケームと同じく、宗教の本質を聖俗の分離に見ていた。だが、『枠組み』や『伝説地誌』においては、教義主義と神秘主義という宗教の異なる二つのタイプについての議論が中心を占めている。ナメルが指摘しているように、「宗教はもはや聖と俗の対立によっては定義されておらず、記憶作用のタイプによって定義されている」（Namer 1994:334）。ここに、デュルケームの宗教論とは異なる展開を見ることができるだろう。たとえばアルヴァックスは、次のように述べている。

> 教義主義の神学者たちが宗教を論証しようとする一方で、神秘主義者たちは宗教を生きることを渇望している。教義主義者は、教義の時を超えた側面を強調する。それに対して、神秘主義者たちは、人格として表象された神的存在との思考・感情の親密な交感（communion）へと入り込むことを渇望している。これらの神的存在は、宗教が誕生した時から、そもそも現れ続けている神々である。（CS 285-6=372）

図式的に整理するならば、教義主義が観念的な極として「規律の精神」に親和的なのに対し、神秘主義は感覚的な極として「社会集団への愛着」に親和的だと言うことができるだろう。つまり宗教という同じ象徴体系の中にも差異があり、その差異が道徳性の違いを生み出しているのだ。ただしこの点については、さらなる検討が必要だろう。

以上、記憶論を道徳・象徴の観点から論じる可能性について検討してきた。そこでの議論を改めてまとめるなら、次のようになるだろう。デュルケームの議論を経由してアルヴァックスの記憶論を解釈すると、〈集合的記憶〉における過去のリアリティをもたらす原理としての道徳という観点へと導かれる。この観点の有効性は、「規律の精神」や「社会集団への愛着」といった道徳性を考察することを通して、過去の現象の仕方の違いや過去が持つリアリティの基盤について論じられることにある。ここで重要になるのが、道徳性のあり方に象徴が深く関与しているという点である。本節の議論では、象徴体系の違い（法・宗教・経済）や象徴体系内部での差異（宗教における教義主義と神秘主義）が、道徳性に大きな影響を与える点について論じた。これが本節までの議論のまとめである。

最後に、上記で触れなかったいくつかの重要な論点についても整理し、道徳論・象徴論として記憶論を展開するうえでの展望と課題をまとめておきたい。先にも指摘したように、道徳という観点から〈集合的記憶〉について考えるということは、負債感という道徳感情に着目するということである。この点からすれば、道徳を成立させる契機としての象徴について考えるということは、象徴原理の違いが負債感にどのような影響をもたらすのかを考えることになるだろう。

ここまでの議論において確認したのは、経済が〈集合的記憶〉を解体する原理として働き、法や宗教が〈集合的記憶〉を成立させる原理として働くという点である。すなわち、負債感を解体するのが経済原理であり、負債感を成立させるのが法や宗教といった原理である。ここでは、経済原理について、さらなる展開の可能性を素描しておくことにしたい。

本書で負債感を解体する経済原理として想定していたのは、資本主義的な交換や市場経済の原理が支配的な世界における経済原理である。経済原理が支配的な社会における記憶のあり方について考察するには、経済的な原理が貫徹されることで「場」における人格や事物にどのような変化が起こったのかを考察することが有効だろう。たとえば、資本主義経済における代表的な人格類型である企業家や労働者といった人格や、貨幣という事物について記憶の観点から考察していくという展開が考えられるだろう。本書では十分に論じられなかったが、実はこの点については、アルヴァックス自身が経済社会学的な研究において既に部分的に論じている。

たとえば、資本主義の発展によって誕生した近代の企業家の性格について、アルヴァックスは「行為の規準を場から引き出すことなく、自分のうちに持っている」（Halbwachs 1955:98=1958:80）という指摘を行っている。アルヴァックスによると、「場」に拘束されない企業家は、「伝統を考慮しないどころか、伝統に背を向けて前進する」（Halbwachs 1955:98=1958:81）存在であるという。また、同じように資本主義における経済原理から大きな影響を受ける存在である労働者は、「記憶力を欠いた」存在として論じられている。この点についてはナメルの先駆的な研究（Namer 2000）があるが、上記の企業家との比較も交えてさらに展開していくべき論点であろう。

また、経済という観点からは、消費文化の問題を〈集合的記憶〉の観点から考えていく必要もあるだろう。市場原理と同じく消費文化も、時間感覚の変化や道徳性の変化を主体にもたらすからである。たとえば荻野昌弘は、「未来を現在に引き寄せ、未来を現実のなかに実現させてしまう」（荻野 2012:207）のが消費における時間原則であると指摘している。またポール・コナートンは、「文化的に引き起こされた忘却は、消費の時間性によって強化される」（Connerton 2009:53）という指摘を行っている。つまり消費文化は、時間のあり方を変化させることによって、〈集合的記憶〉のあり方を変質させたり、社会的忘却を推し進めたりすると言えるのだ。消費社会をめぐって社会学において提起されたこれらの論点を、記憶論と接合していくことが今後の課題となるだろう。

このように、市場原理や消費文化に典型的な経済原理は、〈集合的記憶〉と対立する原理であり、現代の資本主義社会においてはこの原理が支配的なものとなっている。そして、さまざまな形での社会的忘却を生み出している。このような状況の中で、記憶の社会学は、これらさまざまな社会的忘却を論じていくと同時に、その忘却に対抗する〈集合的記憶〉のあり方も模索していく必要があるだろう。そこで重要になるのが、「贈与」の次元である。〈集合的記憶〉と贈与の関係について考察するうえで大きな示唆を与えてくれるのは、モースの『贈与論』である。[32]モースは『贈与論』の主題をこう述べている。

> 未開あるいはアルカイックと言われる社会においては、受け取った贈り物に対する返礼が義務づけられている。それは、どのような法と利害関心の規則（règle de droit et d' intérêt）によるのだろうか。贈られた事物（chose）に潜むどのような力（force）が、受け取った人に返礼をさせるのだろうか。（ED 66-7=14 強調原文）[33]

この引用からも明らかなように、モースは「義務」という道徳的な拘束力の観点から贈与について論じている。そして義務を成立させる契機としてモースが着目しているのが、「法（droit）」という象徴原理である。このことからしても、道徳論・象徴論とモースの議論との接点は多い。また、モースは特に人格と事物に着目して議論を展開しており、その議論を第五章第三節で論じた「場」の議論と接続することも可能だろう。

モースは返礼を義務づけるメカニズムとして、「法と利害関心の規則」に着目している。ここでいう利害関心とは、経済的な効用（utile）とは区別される価値である。モースによれば、「商品価値に加えて、事物には感情を伴う価値がある」（ED 219=260）という。すなわちそれは、威信・名前・人格・来歴・伝承などと結びついた、経済的な価格には還元できない価値である（ED 113=77）。

モースは、トロブリアンド諸島のクラ交易の分析を通して、「事物を媒介にした義務のメカニズム」（ED 86=75）の介在を指摘する。ここで重要になるのが、「ある種の貨幣」であるヴァイグアが、上記のような感情を伴う価値を体現することによって、義務の感覚を媒介する事物として機能することである（ED 109=75）。ヴァイグアは、ムワリという貝殻を彫刻した腕輪と、ソクラヴァという赤い二枚貝の貝殻から作った首飾りからなる。そして、ムワリが西から東へ、ソクラヴァが東から西へと円環をなして回されることで、贈与体系は円環をなし、事物の循環が絶えることなく続けられていく（ED 109–13=75–6）。

では、ある種の貨幣であるヴァイグアが贈与の循環を可能にするのはなぜだろうか。それは、威信・名前・人格・来歴・伝承などがヴァイグアに結びつけられているからである（ED 113=77）。ヴァイグアにはかつての贈与の痕跡が留められており、そこに宿る過去から持続する力によって、次なる贈与や返礼の義務が感じられているのだ。つまりヴァイグアは、過去から持続する権利意識や利害関心を体現する「場所」として機能することで、過去の贈与と現在とを結びつける「場」を構成するのである。それゆえ、ヴァイグアを中心に組織された「場」の中で、人々は返礼の義務に拘束されることになるのだ。コナートンが指摘しているように、こうした贈る・受け取る・返礼するという義務の循環は、「義務という記憶の鎖を形成」（Connerton 2009:54）しているのである。

だが一方で、義務が感じられるのは、「計量され称号のついた貨幣で評価される価格の観念には、まだ達していないなかった社会」（ED 177=115 強調原文）においてであるとモースは指摘している。ここで重要なのは、貨幣という事物の象徴的な意味の変化が、「場」を変化させ道徳的な関係性を変化させるという点である。

モースの整理によれば、「事物の循環が権利や人格の循環と等しい」（ED 177=115）アルカイックな社会に対して、近代社会は「人格と事物とを峻別する社会」（ED 180=193）へと変化してきたという。そしてこの変化は、貨幣という事物が持つ象徴的な意味の変化によってもたらされている。

モースによれば、貨幣の最も古い起源は、呪術的性格を帯びた貴重品に購買力が付与されたことにあるという。アルカイックな社会においては、こうした貨幣の性質が富の循環を可能にしていた。だが、近代化した社会においては、普遍的な価値測定の道具としての面が前景化していき、過去の来歴を体現する貨幣の性格が失われてしまったのだ（ED 109-11=120-3）。

モースは、アルカイックな社会における贈与を、「全体的な社会的事実（faits sociaux *totaux*）」（ED 241=283 強調原文）とみなしている。「全体的」であるとは、法的・経済的・宗教的・美的・形態学的といった諸要素が、分化することなく複合しているということである。「全体性」は、機能分化とは正反対の概念として理解できるだろう。すなわち、機能分化による断片的な関係性ではなく、全人格的な関係性を結ぶ原理が「全体性」である。贈与の原理とは、この「全体性」の原理に他ならない。

近代以降の社会は、機能分化やそれに伴う経済原理の台頭によって、贈与を媒介する事物としての貨幣の機能を経済面に局限化していった。その結果、「最近の記憶がこれほど速く徹底的にそれ以前の記憶を追い払っている領域はない」（MC 221=193）とアルヴァックスが指摘したような経済空間の出現を可能にしたのである。

以上の議論を踏まえるならば、モースが「全体的」と呼ぶ社会関係の次元、すなわち贈与の原理は、〈集合的記憶〉を成立させる原理だと解釈できるだろう。つまり、負債感の解消ではなく、負債感を成立させる方向に向かうのが贈与の原理なのだ。それゆえ、近代化によって「全体性」（贈与の原理）が消失したと単線的に捉えるのではなく、現代社会におけるこの原理の可能性を探らねばならない。モース自身、事物に関する権利と人格に関する権利との結びつきが、現代においても残存しているとみなし、現代社会における贈与の可能性を模索していた（ED 67=14）。だが、負債感情に着目してモースの贈与論を読み直すという試みは、『借りの哲学』の著者であるナタリー・サルトゥー＝ラジュのような一部の論者を除いては、いまだ十分な展開を見せてはいない（Sarthou-Lajus 2012=2014）。経済原理が台頭し忘却の原理が支配する現代の社会においてこそ、〈集合的記憶〉を成立させる贈与の原理を、道徳論・象徴論という観点から検討しなおすことが求められているのではないだろうか。

五 場所論・空間論としての記憶論

まず、本章におけるここまでの議論を簡単に振り返っておこう。第一節と第二節においては、『集合的記憶』における空間論の検討を通じて、物質性と象徴性という二重の観点から空間が論じられている点を確認した。また第三節においては、アルヴァックスの「場」という空間概念を、デュルケームを経由することによって解釈し直し、記憶論を道徳・象徴という観点から展開する必要性を示した。そして第四節では、道徳論・象徴論としての記憶論の展望について、デュルケーム、アルヴァックス、モースらの議論を手がかりに考察を行った。

本節においては、ここまでのアルヴァックスの空間論解釈を踏まえながら、場所論・空間論としての記憶論を展開するうえで何が重要となるのかを論じることにしたい。アルヴァックスの再評価にも寄与した近年の「記憶ブーム」における特徴の一つは、「記憶」への関心の高まりが、場所や空間への関心の高まりを伴っているという点である。社会学においても、特に一九九〇年代後半以降、記憶と場所という二つの現象を結びつける議論が急速に増加してきたことが指摘されている（浜・桝潟 2010）。そしてこうした研究動向の中で、空間に対して「場所」や「場所性」という概念がクローズアップされるようになり、記憶論との関連では「場所の記憶」が主題化されるようになった。

こうした流れにおいて、場所性に焦点を当てた議論の代表例としては、E・レルフやM・オジェの名を挙げることができるだろう。また、都市空間論における代表的な論者としては、E・ソジャ、M・Ch・ボイヤー、D・ハイデンらの名が挙げられる（近森 2012）。近森高明によると、こうした潮流の背景には、「強者の論理――均質な空間で風景を埋め尽くしたり、線形的な物語で過去を収奪したりする――に対抗する契機として『場所』や『記憶』

を持ち出そうとする人文・社会知の趨勢」（近森 2012:47-8）が大きく関係しているという。つまり、近代化による空間性の変容に対抗するために、あえて「場所」や「場所性」を持ち出すという傾向が、「場所の記憶」をめぐる議論の背景にはあるのだ。この点については、「本来場所とは生活の場であり、同時に憩いの場でもあるという認識に基づきながら、近代社会においては、場所への帰属感覚が脅かされていると批判的にとらえるのが、ハイデッガー以来の場所に関する議論の特徴である」（荻野 2012:191）という、荻野昌弘による指摘も重要である。

だが、上記のような趨勢を背景とした「場所の記憶」の主題化は、理論的に再考する余地を多く残してもいる。近森はその難点を、「個人的記憶と集合的記憶の関係が不明確である点、そして場所と人びととの主客関係が曖昧である点」（近森 2012:49）の二つの点にまとめている。この後者の点に関して、もう少し詳しく見ておこう。

近森は、「場所の記憶」というフレーズにおいて、二つの意味合いが混同されて流通している点を指摘している（近森 2012:48-9）。それは、「個人／集団が場所を記憶する」という意味合いと、「場所それ自体が記憶する」という意味合いである。近森によれば、前者の意味は、「ある特定の場所について個人／集団が記憶している内容」として、社会学のフレームに馴染む形式で言い換えられるという。実際、社会学的な「場所の記憶」論の多くは、この観点から場所における記念行為やその表象内容について分析してきたと言えるだろう。だが近森は、後者の意味合いの方が問題であると指摘する。それは一方で、「当の場所に残存し、個人／集団の記憶を喚起するような契機」として、ある程度は社会学的に了解可能なかたちでの言い換えも可能である。しかし他方で、「場所それ自体があたかも人格的存在であるかのように、記憶したり忘却したりする」というニュアンスも、「場所それ自体が記憶する」という意味合いには伴っている。近森はこの点について、「これは詩的な、ないしはレトリカルな表現に過ぎないかもしれないが、それでいて肝心な何かを指示しているように思われる」（近森 2012:49）と指摘している。

近森が重要視する「場所それ自体が記憶する」というニュアンスについて理論的に考察することは、〈集合的記憶〉の成立においてなぜ「場所」や「場所性」が焦点となるのかを問ううえでも重要である。このニュアンスが持つ意味について考察しなければ、〈集合的記憶〉と「場所」との関連を消極的に示すのみで、〈集合的記憶〉を成立させるうえでなぜ「場所」が積極的な契機となるのかが分からないままだからだ。その場合には、特定の場所における記念行為やそこで記念される表象内容のリストが、ただ増えていくだけだろう。そして、「場所の記憶」というフレーズが、こうした研究を正当化する便利なマジックワードとして、安易に使用されるだけだろう。こうした事態を打開するためには、「場所それ自体が記憶する」というニュアンスの意味を、理論的に深めていかねばならない。これはつまり、〈集合的記憶〉における「場所の力」を原理的に問い直すということである。近森自身は、ベンヤミンの都市論の解釈によって、この「場所の力」の問題を考察している（近森 2012）。

では、なぜこうした問いが必要なのだろうか。それは、理論面における上記のような困難が、実践面での困難とも結びついてしまうからである。近森は、『場所の力（*The Power of Place*）』の著者であるドロレス・ハイデンの実践的な取り組みを例に挙げている。ハイデンらのプロジェクトは、「個々の場所に潜む、人びとの生活に密着した記憶を掘り起こすことで、その記憶を契機としつつ、街並みの保存運動やパブリック・アートなどの実践へと結びつけ、ひいては地域コミュニティの活性化へと結びつけてゆく」（近森 2012:64）ものであり、ごく真摯な問題意識から出発している。しかし、だからこそ、「場所の記憶が、かけがえのない『私たち』の記憶としてアイデンティティ・ポリティクスの拠点として利用され、そのことで、かえって『場所の力』をやせ細らせてしまうという危険性」（近森 2012:64）に無自覚なまま議論を展開してしまう可能性があるのだ。

近森は、主に都市空間論における動向を視野に入れて上記のような批判を行っている。だがこの批判は、「記憶ブーム」における場所論・空間論にも当てはまるだろう。近森が指摘した困難は、場所論・空間論として記憶論を展開する潮流の火付け役とも言える『記憶の場』がたどった過程にも象徴されているからだ。『記憶の場』は、一九八四年から一九九二年にかけてピエール・ノラが主導してまとめられた論文集である。これは全部で七巻出版され、一三五本の論文が収録された膨大な事例研究の集成となっている。『記憶の場』は主に歴史研究の領域で大きなインパクトを与えたが、社会学における記憶研究でも参照されることが多く、アルヴァックスの議論と結びつけられることも多い（浜 2007, 2010; 直野 2010）。だが、「場所の記憶」という主題をめぐる理論的な考察が掘り下げられていないために、理論・実践の両面において多くの問題を抱えてもいる。そこで以下では、本章での考察で得られた知見も交えながら、ノラの議論について検討することにしたい。

ノラは、記憶行為の拠点を広く「場所（lieu）」として捉え、それを物質的（matériel）・象徴的（symbolique）・機能的（fonctionnel）という三つの位相を持つものとして捉えた。それゆえ、狭義の場所（物質的な空間内の場所）に限られないさまざまな要素が、「場所」として論じられている。たとえば、戦友会や暦、葬儀や巡礼などが含まれるだけでなく、三色旗というシンボルまでもが「場所」には含まれる。

> 実際、記憶の場所[34]（lieux de mémoire）は、この語の持つ三つの意味（物質的・象徴的・機能的）において場所である。また、程度は異なれ、そのいずれの属性をも同時に持っている。古文書館のような見かけ上は純粋に物質的な場所でさえ、想像によって象徴的なオーラが与えられてはじめて記憶の場所となる。教科書や遺言や退役軍人会のような、まったく機能的な場所でさえ、儀礼の対象となってはじめて記憶の場所のカテゴリーへと入る。一分間の黙禱は、象徴的な場所の極端な例である。だがこれさえも、ある時間単位の物質的な断片であり、思い出（souvenir）の集中的な想起に定期的に用いられている。三つの側面は常に共存しているのだ。世代の概念のように抽象的な記憶の場所はどうだろう。世代は、人口上の内容からすれば物質的である。また、思い出の結晶化と伝達を保証するがゆえに、機能的だとも考えられる。そして、ごく少数の人々が経験した出来事や体験によって、それを共にしなかった多数の人々を特徴づけるが

ゆえに、それは定義からして象徴的である。(Nora [1984]1997:37=2002:48)。

ノラは過去を記憶する拠点となる場所が持つ力の性質について、物質性・象徴性・機能性という三つの観点から理論化を試みている。こうしたノラの議論は、物質性・象徴性という観点から〈集合的記憶〉を成立させる空間性を論じたアルヴァックスの議論とも親和的であろう。すなわち、ノラの「記憶の場所」概念は、アルヴァックスの「場」概念をさらに展開するうえでも大きな可能性を持っているのだ。

しかし、世界的な遺産ブームという潮流の中で、この概念は便利なマジックワードへと矮小化されてしまった感がある。「記憶の場所」概念は、「場所の力」を物質性・象徴性・機能性という観点から原理的に問うことよりも、物質的な場所・シンボル・記念行為などの膨大なリストを作成する際のツールとして利用されてしまったのだ。そして、過去をその都度の現在において消費する際の便利なツールとして利用され、記念行為ブームを助長しそれに回収される事態を招いてしまったのである。そのため、この概念は頻繁に言及される一方で、その理論的な可能性の掘り下げは十分にされてこなかったと言えるだろう。この点については、『記憶の場』を総括する論文の中で、「批判的な距離を取って解明するために創られたはずのこの武器が、すぐれて記念顕彰(commémoration)の役に立つ道具に転化してしまった」(Nora [1992]1997:4678=2003:428)とノラ自身が認めている。そこでノラ自身は、『記憶の場』が飲み込まれてしまった「記念顕彰の時代」の歴史的な過程を分析することで、この回収の原因を理解しようと努めている。

ノラの議論がこうした困難に直面した原因については、ノラ自身のノスタルジックな姿勢や帝国主義的な姿勢に原因を求める向きもある(直野 2010)。だが、場所論・空間論という観点からすれば、ノラ自身が提起していたはずの論点が十分に検討されてこなかったことが、むしろ原因と言えるのではないだろうか。近森がハイデンを例に挙げて指摘した「場所の記憶」という主題をめぐる困難が、「記憶の場所」概念の受容においても見られるのだ。この困難の原因は、「場所の力」を原理的に問う可能性を示しながら、単線的な歴史的変化の文脈に「記憶の場所」概念を埋没させてしまう、次のようなノラ自身の議論にも求めることができるだろう。

> 過去が連続しているという感覚は、いくつかの場所（lieux）に残存するのみとなっている。これらの記憶の場所が存在するのは、記憶の場（milieux）がもはや存在しないからに他ならない。（Nora［1984］1997:23=2002:30）

ノラがここで「場」と言っているのは、農民の集団・教会・学校・家族・国家などである（Nora［1984］1997:23-4=2002:30）。だがこれらを、実体的な集団としてイメージするべきではない。第三節で指摘したように、過去と現在の連続性を意識させる空間性を「場」として解釈すべきである。ここで、アルヴァックスの「場」概念について振り返っておこう。「場」は人格と事物の結合した領域であり、個々の「場所」に基づいて形成される空間性を意味している。「場」の成立における「場所」の重要性については、「もはや漠然とさえも場所を表象できない時代に達してしまった時、われわれは自分の記憶力がもはや及ばない過去の領域に到達してもいる」（MC 236=207）と、アルヴァックスも指摘している。

このことからすれば、「場所」は「場」を形成する積極的な契機として考察されるべきものである。だがノラは、「場」が解体してもはや存在しなくなったとみなし、解体の後に残った「場所」を分析すると述べている。そのため、「場」を成立させる「場所」とはどのようなものかを原理的に問う方向にではなく、近代化によって変化していく「場所」のあり方を歴史的にたどるという方向へと、ノラの視線は向かっている。つまりノラは、「場」という空間性に言及する一方で、「場」と「場所」の関係を原理的に問うことを行っていない。

だが、ノラのこの単線的な図式は、彼自身の議論に含まれる原理的な考察と矛盾するために、彼に両義的な態度を取らせている。「今日、記憶と呼ばれるものはすべて、記憶ではなくすでに歴史に属している」(Nora [1984] 1997:30=2002:39) とノラは述べている。ノラ自身がアルヴァックスに言及していることからしても、ノラによる記憶と歴史の区別は、アルヴァックスによる〈集合的記憶〉(「生きられる歴史」)と歴史(「学ばれる歴史」)の区別に対応していると言えるだろう (Nora [1984] 1997:24-5=2002:31-2)。だがノラは、アルヴァックスのように〈集合的記憶〉を成立させる空間性(「場」)の考察には向かわず、「場」なき後の断片化された「場所」を記述する方向へ向かう。にもかかわらず、ノラは自らが分析しているのは歴史ではなく記憶だと主張する。ノラは「記憶の場所」という言葉を使い、「歴史の場所」とは言っていない。だが、「記憶から歴史へ」と移行する時代において、なぜ自らの論じている「場所」が「記憶の場所」たりうるのかについては、十分な説明を行っていない。「記憶から歴史へ」という移行の背景としてノラが挙げるのは、グローバリゼーション・民主化・大衆化・メディア化などによる世の中の動揺である (Nora [1984] 1997:23=2002:30)。次のノラの文章を見てみよう。

価値の保持と伝達を保証するような記憶としての社会(教会・学校・家族・国家)は、終焉を迎えた。また、過去から未来への規則正しい移行を保証し、未来を準備するためには過去の何を覚えておくべきかを指示していたような、記憶としてのイデオロギーも、それが反動的か進歩的か革命的かには関係なく終焉を迎えた。それだけではない。歴史の受け取り方自体も、メディアのせいで異常に膨張している。そのため、固有の親密さを伴って遺産の中に折り畳まれていた記憶は、現在性というはかない皮膜 (pellicule éphèmère de l' actualité) に取って代わられている。(Nora [1984] 1997:23-4=2002:30)

確かに上記の整理は、近代化以降の大きな潮流を正確に言い当ててはいるだろう。だが、すべての変化を「記憶から歴史へ」「場から場所へ」と単線的に捉えることには、大きな問題があると言わざるをえない。メディアのせいで記憶が「現在性というはかない皮膜」に取って代わられたとノラは指摘するが、メディアは「場」を常に解体するのだろうか。「場」を成立させる「場所」となるメディアのあり方も存在するのではないだろうか。ノラの単線的な図式では、メディアの発達による人間や社会の記憶力の低下といった凡庸な結論は導き出せても、人々の記憶をつなぐ積極的な契機としてメディアが機能するという側面や、電子空間の中に残された痕跡が持つ独特のオーラといったものを、うまく説明できないのではないか。変化を単線的に単純化して捉えるのではなく、アルヴァックスのいう〈集合的記憶〉の契機となる「場」がいかにして成立・解体するのか、成立・解体の分岐はどのような要因によって生じるのかを、ノラ自身が提起していた「記憶の場所」の物質性・象徴性・機能性という観点から考察する必要があるのではないだろうか。こうした批判を、ノラに対して向けることができるだろう。

だが一方でノラ自身は、「記憶の場所」という概念をさらに洗練させるうえでの展望を別の形で示してもいる。それは、「記憶の場所」という概念が、記憶術の伝統におけるラテン語の「ロキ・メモリアエ（loci memoriae）」に基づくものだという指摘である（Nora 1996=2002:16）。だが、岩崎稔も指摘するように、「記憶の場所」概念が「実はシモニデス伝説以来の記憶術における locus 論の引用であることは、知識としてすらあまり理解されていない」（岩崎 2009:69）。

そこで、シモニデス伝説以来の記憶術についてここで概観しておこう（岩崎 1998; 中村［1979］2000:227-43）。記憶術の開祖とされるシモニデス（前五五六‐四六八頃）をめぐっては、次のような挿話が残されている。テッサリアの貴族スコパスが催した宴にシモニデスは招かれ、そこで主催者を讃える抒情詩を朗詠した。その抒情詩の中にはカストールとポルックス（ギリシア神話のゼウスとレダの間に生まれた双生児）を讃える節が含まれていたため、スコパスは報酬の半分は詩を捧げた神からもらうべきだとシモニデスに言った。そこでしばらくすると、シモニデスに面会を求める若者が二人、扉のところに来ているという。シモニデスが行ってみると、そこには誰もいない。だがその時、宴席の天井が崩れ落ち、残ったスコパスたちは下敷きとなって死んでしまった。さらに、死体は激しく損傷しており、埋葬のために引き取りに来た身内の者にも、誰が誰なのかを見分けることができない。そこでシモニデスは、彼らが座っていたテーブルの席を思い出し、どれが誰の遺体であるかを判定した。このことから、順序だった配置がよく記憶するために不可欠であることをシモニデスは悟る。シモニデスはこの経験から記憶術の原理を知り、その発明者と言われるようになったのだ。

シモニデスに発する古典的な記憶術に共通するのは、「記憶が空間配置にいったん変換されなくてはならないという点」（岩崎 1998:15）を重視していることである。ここでは、「場所」（ラテン語の locus）が重要な契機となっており、それは「単なる均等な延長から切りとられた一部ではなく、図像的に参照可能な意味連関」（岩崎 1998:15）を意味している。そのため記憶術は、「記憶を図像化し、それを空間のなかに配置して収蔵する」（岩崎 1998:15）方向へと展開していく。

だがここでは、記憶術それ自体の系譜をたどることが問題ではない。ここでの問題は、「すでに記憶術がその初発から、失われた存在である死者の語りに関わっていたという点」（岩崎 1998:16）の持つ意味である。これは、失われていく過去を忘却から救い出すうえでの、「場所」が持つ積極的な可能性を示唆している。シモニデスの逸話が示しているように、「場所」と結びつけられなければ死者たちは忘れ去られてしまっていた。このように、人格と「場所」との深い結びつきは、忘却に対抗する原理となる。だが一方で、「記憶術が死者をめぐる語りとして始まったという凶徴に気づくとき、シモニデス伝説に始まる記憶術が最初から抱えている傲慢で危険な側面についても合わせて考えなくてはならない」（岩崎 1998c:16）という岩崎の指摘も見逃すことはできない。ノラ自身は、この危険な側面に十分自覚的ではなかったがゆえに、「記憶の場所」の消費化を招いてしまったとも言えるからだ。これは、「場所の領有」による「記憶の領有」という問題へとつながるだろう。

過去を忘却から救い出す「場所」の可能性と、その裏面としての「場所」の危険性についての考察は、「場所の記憶」をめぐるアポリアを解決するうえでは不可欠である。シモニデス的な「場所（locus）」の系譜をたどることで、「場所の力」について考えること。そして、「場所の力」を縮減させて過去を領有・消費させてしまう社会的な機制について批判的な目を向け続けること。これらのことが、場所論・空間論として記憶論を展開していくうえで、重要になってくるのである。

註

1 以下では、Halbwachs（[1925] 1994=2018）に略号CSを使用し、頁数のみ記載する。

2 「記憶作用」と「記憶力」という語の使い分けについては、能力や力というニュアンスが強い場合には「記憶力」を用い、必ずしもそうではない場合には「記憶作用」を用いることにする。なお、著作の題名については、mémoire が原語である場合でも、すでに日本で一般的に使用されている表記や邦訳の題名に従うことにする。

3 以下では、Bergson（[1896] 2008=2007）には略号MMを使用し、頁数のみ記載する。

4 たとえば岡真理は、「明示的な言葉で語るということによってのみ出来事が確定されていく」（岡 2000：7）という考え方に対して疑問を呈している。「現在形で、暴力的に人に回帰する出来事は、過去形に言語化し得ない体験、『経験』とはなし得ない出来事の余剰があることを示している」（岡 2000：9）。岡は大森の名を挙げてはいないが、こうした批判は大森の議論の弱点を鋭く突くものである。事実、大森の議論では、暴力的に人に回帰する出来事の問題はまったく論じられていない。

5 大澤は、この箇所に挿入した注において、過去こそがむしろ実在性の原型を提供しているという中島義道の議論（『「時間」を哲学する』）に言及している（大澤 2008：50 注10）。

6 野家は、story という事実（実体）概念と区別される方法概念としての narrative に、「物語」と「物語り」の二つの訳語をあてているが、両者は同じ意味で使用されている（行為的側面を強調する際には、特に「物語り」という語が使用されていると思われる）。本書では「物語り」という表記を使うが、野家の文章の引用に関しては野家自身の文章における表記に従っている。

7 以下、本節では引用が頻出するため、（野家［1996］2005）を（野家 頁数）と表記する。なお、第四章第五節においても同様の表記を用いる。

8 「構築主義」という言葉以外に、「構成主義」という言葉を使用する向きもある。浅野智彦によれば、英語の constructionism という言葉には、「構築主義」と「構成主義」の二つの定訳があるという。「構築主義」は、とりわけ社会問題に関わる研究から発達したものであり、社会学においてもっぱら使用されているのはこちらの用語である。そこには、現象学的社会学のいう「構成」とは異なる意味合いを込めようとする意図があると浅野は解釈している。しかし、社会学以外の分野（社会心理学や家族療法など）も含めて考えると、その源流としては、ミード、ゴフマン、シュッツ、バーガー、ルックマン、キツセ、スペクターといった人々が含まれると受け止められており、それらの間の違いはあまり強調されていないという。そのため浅野は、これらの現象学的な文脈を排除しないためにも、「構成主義」という訳語を使用している（浅野 2001：217-8 注1）。本書では、社会学において広く使用されている「構築主義」の用語を使用しているが、必ずしも現象学的な「構成」のニュアンスを排除する意図はないことを注記しておく。

9　檜垣立哉は、ベルクソンの記憶論における言語の問題について、次のように述べている。「記憶と言語という二つの事象の直接的な連関、あるいは記憶イマージュの想起可能性への言語の力能への関与について、ベルクソンが正面から論じているとはいいがたい。この点はベルクソンの議論の（知覚の場面に依拠しすぎているという）限界を示してもいるだろう。潜在的な言語の存在（言語のイマージュではなく）と記憶の存在を、知覚とは別の仕方で見いだしていくことがこの議論には必要になるだろう」（檜垣 2000：169-70 注5）。

10　ブロンデルからの批判については、Blondel（1926）および Montigny（2005：42-5）を参照。

11　以下、Halbwachs（[1950] 1997=1989）には略号ＭＣを使用し、頁数のみ記す。なお、本書が参照するフランス語版においては、ナメルによるヴァリアントの補足が行われているが、邦訳には反映されていない。そのため、ヴァリアントに言及する際には、フランス語版のページ数のみ記す。ただし、煩雑になるため、解釈の文脈上で必要と思われるヴァリアントにのみ注で言及する。ヴァリアントが存在するが注で言及しない場合には、文献の頁挙示の部分において「ヴァリアントあり」と記載する。

12　それ以外にも、「mémoire historique」のように形容詞がついている場合は〈歴史的記憶〉のように表記する。また、形容詞なしの「mémoire」については、これまでと同様に「記憶作用」「記憶力」などと訳し、「souvenir」は「記憶」と訳すことにする。

13　この部分には、ヴァリアント七八「集団とともに思い出すために集団の中に身を置いたり置き直したりする場合に」（MC 140）が挿入されている。

14　だが一方で、留保付きではあるが、次のような事態が生じる可能性をアルヴァックスも指摘している。「ある国民に属する人々すべてが、彼らの利害や自分の家族、あるいは、彼らの視野がそれ以上には及ばない狭い範囲の集団を忘れる時期がある。また、すべての人の生存を同時に変容してしまうような国民的な出来事もある。だが、それらは稀にしか起こらない」（MC 128=84）。現在のメディア状況や国家をめぐる状況を踏まえたうえでアルヴァックスの議論が有する意味、国民国家論に対してアルヴァックスの議論が有する意味は、別途検討していく必要があるだろう。

15　ここには、ヴァリアント七四「同一の実質であるこれらの思考の状態」が挿入されている。

16　ここには、ヴァリアント七五「歴史家の注意を引きつけるこれらの出来事の一つが集団内で生じる場合、そして、混乱の余波を集団が直接に被る場合に」が挿入されている。

17　以下では、Bergson（[1889] 2007=2002）には略号ＤＩを使用し、頁数のみ記載する。

18　アルヴァックスは必ずしも「社会的時間」と「集合的時間」という用語を厳密に使い分けているわけではないが、集団によって生きられている時間はしばしば「集合的時間」と呼ばれている。それに対して社会的時間は、社会的な時間の区分を指していることが多いと思われる。

19　ここにはヴァリアント九四が挿入されている。「私の意識状態の中には、個人的な持続から脱して多くの意識によって共有された時間へと身を置くような傾向が存在するはずである。それゆえ、私は自分自身を同一の対象の前に置くことができるのである」（MC 153）。

20　ヴァリアント一八七では、「なぜなら……いられるからである」の代わりに以下の文章が続いている。「しかし、それが正しい場合などあるだろうか。というのも、記憶力によって、われわれは過去を、あたかもそれが現前しているかのように表象しているからである。また、空間だけが、そのような安定性（不動のままでいるかのような時間）を、われわれに示すことができるからである。そして、空間だけが、十分に安定しているがゆえに、持続の継起する諸瞬間の間に、連続する関係を打ち立てることができるからである」（MC 236）。

21 ヴァリアント一八八では、この後に「つまり、時間の不動のイメージであるかのように、変化することなく持続するからである」（MC 236）という文章が続いている。

22 以下では、Delay（1950=1978）には略号DMを使用し、頁数のみ記載する。

23 ここには、次のような注が挿入されている。「意識の消失という特徴は、完成した習慣すべてに共通しており、それは運動習慣でも心的習慣でも同様である。意識が再現してくると習慣は風化する。それゆえ、書いたり自動車を運転したりできる人は、機械的にそれを行っており、自分の身振りを分析したり細かな点まで意識してしまうと、ただちに混乱してしまう」（DM 16 note34=176 注34）。

24 ドレーは基本的にベルクソンよりもジャネに依拠しているため、内閉的な記憶力よりも社会的な記憶力を上位に位置づける。だがやはり、内閉的な記憶力にも社会的な記憶力の欠如に還元されない一定の価値を認めている点は重要である。「私の考えでは、記憶力の精神医学的解体は、二つの側面から研究すべきである。一方は陰性面、つまり社会的な記憶力の欠損であり、他方は陽性面、つまり内閉的な記憶力の解放である」（DM 69=81）。

25 野家はフォースターを引用する際にこの部分を省略して引用しているが、示唆的な議論が展開されているので、ここに引用しておく。「あるいはまた、『王妃が死に、誰にもその原因がわからなかったが、やがて、王様の死を悲しんで死んだのだとわかった』といえば、これは謎を含んだプロットであり、さらに高度な発展の可能性を秘めたプロットです。それは時間の進行を中断し、許容範囲内で、できるだけストーリーから離れます。王妃の死を考えてください」（Forster 1927=1994：129 強調引用者）。この引用部分からも分かるように、単線的な時間構造を持つストーリーに対して、プロットはきわめて複雑な時間構造を持っている。

26 この空間の二重性については、Namer（2000：197-210）においても指摘されている。本書では法・宗教・経済という象徴的な原理を中心に検討するが、この他にもアルヴァックスは音楽や幾何学などについても論じている。音楽については、『集合的記憶』に付録として収録された「〈集合的記憶〉と音楽家」において詳しく論じられている。幾何学についての議論は邦訳には反映されていないが、『集合的記憶』の改版においてナメルがヴァリアントとして収録した草稿の中に記述が見られる（MC 210-4, 233-6）。「〈集合的記憶〉と音楽家」については、ナメルが詳しく論じている（Namer 2000：211-28）。

27 マット・K・マツダは、近代化と忘却の関係について論じるうえで、十九世紀末のフランスにおける証券取引場の発達に注意を促している。証券取引場とは、「時間を崩壊させるだけではなく、空間を再構成する場所」（Matsuda 1996：53）であり、「証券取引場という金融の世界は、資本主義のもとで空間の意味を書き換える」(Matsuda 1996:54)。アルヴァックスによる経済的空間をめぐる議論は、この資本主義と忘却の関係という問題意識のもとで読み直されるべきだろう。

28 以下の本文での説明からも明らかなように、デュルケームは chose という言葉を、物質的なモノに限られない含意で使用している。そのため、本書では「モノ」と「コト」の両方のニュアンスを含む「事物」という訳語を使用している。また、「人格(personne)」は、個体としての「個人(individu)」とは異なり、死者や国民といったものも含む概念であるため、「人格」と訳している。

29 この二つの側面は、後の論文「道徳的事実の決定」においては、「義務(devoir)=強制(obligation)」と「善(bien)=望ましいもの(désirabilité)」と言い換えられている(Durkheim[1924]2010:50-1=1985:54-5)。また、江頭大蔵によれば、「規律の精神」は社会の規制作用に、「社会集団への愛着」は社会の統合作用に対応しているという(江頭 2007:22)。

30 デュルケームが社会生理学の対象とした象徴体系としては他に言語や芸術があるが、本節では第五章第二節でも検討した法・宗教・経済を中心に扱う。言語については、本書第一章での考察も参照されたい。なお、芸術については、産業や科学と並んで道徳の域外にあるものという指摘が行われており、通常の社会規範を超える〈集合的記憶〉の可能性を問ううえでも極めて重要な象徴原理である(Durkheim[1893]2007:13-5=1989上:98-101)。

31 内藤はさらに、デュルケームの法概念が『権利—主張—獲得という民法的過程」(内藤 1993:85)と違うものである点も指摘している。この点は、アルヴァックスが論じていた法的空間が権利を中心に考察されていたことと対照的であり、詳細に検討することが望まれる。ただ、両者の法概念の違いが持つ意味についての検討は、今後の課題としておきたい。

32 モースの贈与論を記憶論として読み解くという発想については、ポール・コナートンから示唆を受けた(Connerton 2009:53-5)。なお、岡野静二やジャン=クリストフ・マルセルが指摘するように、アルヴァックスとモースには社会学と心理学の交流を図ったという共通点があり、両者にはデュルケーム学派第二世代として実際の交流もある(岡野 1982;Marcel 2004)。それゆえ、ここでモースに言及することはそれほど唐突でもないだろう。

33 以下では、Mauss([1924-25]2007=2009)に略号EDを使用し、頁数のみ記載する。

34 ノラもアルヴァックスと同じく、mémoire と souvenir という二つの語を「記憶」の意味で使用している。ノラにおいても、mémoire には「記憶する」という行為や作用のニュアンスが込められている。だが、「記憶作用の場所」や「記憶力の場所」では語感が悪くなること、souvenir と同じ「記憶内容」という含意で mémoire が使用されている箇所も多いことを鑑みて、ノラからの引用に際しては mémoire を「記憶」、souvenir を「思い出」と訳し分けて原語の区別を示すこととする。なお、lieu は邦訳では「場」と訳されているが、milieu との関連性が分かりやすいように、本書では milieu を「場」、lieu を「場所」と訳し分けることとする。

浅野房世・高江州義英、２００８、『生きられる癒しの風景――園芸療法からミリューセラピーへ』人文書院.

浅野智彦、２００１、『自己への物語論的接近――家族療法から社会学へ』勁草書房.

Bateson, Gregory, 1972, *Steps to an Ecology of Mind*, New York: Ballatine Book.（佐藤良明訳、２０００、『精神の生態学 改訂版第２版』新思索社.）

Becker, Annette, 2003, *Maurice Halbwachs: un intellectual en guerres mondiales 1914-1945*, Paris: Agnès Viénot Éditions.

Bergson, Henri, [1889]2007, *Essai sur les données immédiates de la conscience*, 9e éd., Paris: PUF.（合田正人・平井靖史訳、２００２、『意識に直接与えられたものについての試論』筑摩書房.）

———, [1896] 2008, *Matière et mémoire*, 8e éd., Paris: PUF.（合田正人・松本力訳、２００７、『物質と記憶』筑摩書房.）

———, [1907]2009, *L'évolution créatrice*, 11e éd., Paris: PUF.（合田正人・松井久訳、２０１０、『創造的進化』筑摩書房.）

———, [1938]1993, *La pensée et le mouvant*, 4e éd., Paris: PUF.（原章二訳、２０１３、『思考と動き』平凡社.）

Berque, Augustin, 1986, *Le sauvage et l'artifice: les japonais devant la nature*, Paris: Gallimard.（篠田勝英訳、［１９８８］１９９２、『風土の日本』筑摩書房.）

Bloch, Marc, 1925, "Mémoire collective, tradition et coutume," *Revue de synthèse historique*, 14: 73-83.

Blondel, Charles, 1926, "Revue critique," *Revue philosophique*, 101: 290-8.

近森高明、２０１２、「記憶の地誌学――ベンヤミンにおける都市・記憶・場所」『Becoming』29: 44-65.

Connerton, Paul, 2009, *How Modernity Forgets*, Cambridge: Cambridge University Press.

Coser, Lewis A., 1992, "Introduction: Maurice Halbwachs 1877-1945," *On Collective Memory*, Chicago: The University of Chicago Press, 1-34.

Delay, Jean, 1950, *Les dissolutions de la mémoire*, Paris: PUF.（岡田幸夫・牧原寛之訳、１９７８、『記憶の解体』海鳴社.）

Déloye, Yve et Claudine Haroche dir., 2004, *Maurice Halbwachs: Espaces, mémoires, et psychologie collective*, Paris: Publications de la Sorbonne.

Durkheim, Émile, [1893] 2007, *De la division du travail social*, 7e éd., Paris: PUF.（井伊玄太郎訳、１９８９、『社会分業論』（上）（下）講談社.）

———, [1895]2007, *Les règles de la méthode sociologique*, 10e éd., Paris: PUF.（宮島喬訳、１９７８、『社会学的方法の規準』岩波書店.）

———, [1897]2007, *Le suicide*, 13e éd., Paris: PUF.（宮島喬訳、１９８５、『自殺論』中央公論新社.）

———, [1898-99]2012, *L'éducation morale*, 2e éd., Paris: PUF.（麻生誠・山村健訳、２０１０、『道徳教育論』講談社.）

———, [1912]2008, *Les formes élémentaires de la vie religieuse*, 6e éd., Paris: PUF.（山﨑亮訳、２０１４、『宗教生活の基本形態』（上）（下）筑摩書房.）

――――, [1924]2010, *Sociologie et philosophie*, 4e éd., Paris: PUF.（佐々木交賢訳、１９８５、『社会学と哲学』恒星社厚生閣.）
江頭大蔵、２００７、「デュルケーム道徳論における『義務』と『善』の関係について」『広島法学』31（２）：21 - 42.
Forster, Edward M., 1927, *Aspects of the Novel*, London: Edward Arnold.（中野康司訳、１９９４、『E. M. フォースター著作集８ 小説の諸相』みすず書房.）
Ginzburg, Carlo, 1992, "Just One Witness," in S. Friedlanders ed., *Probing the Limits of Representation*, Cambridge: Harvard University Press.（上村忠男訳、１９９４、「ジャスト・ワン・ウィットネス」『アウシュヴィッツと表象の限界』未来社、90 - １１８.）
Giribone, Jean-Luc, 2008, *Le Rire étrange: Bergson avec Freud*, Paris: Éditions du Sandre.（原章二訳、２０１０、『不気味な笑い――フロイトとベルクソン』平凡社.）
Goffman, Erving, 1974, *Frame Analysis: An Essay on the Organization of Experience*, New York: Harper & Row.
Halbwachs, Maurice, [1925]1994, *Les cadres sociaux de la mémoire*, Paris: Albin Michel.（鈴木智之訳、２０１８、『記憶の社会的枠組み』青弓社.）
――――, [1938]1972, "La psychologie collective du raisonnement," *Classes sociales et morphologie*, présentation de Victor Karady, Paris: Les Éditions de Minuit, 131-51.
――――, [1941]2008, *La Topographie légendaire des évangiles en Terre sainte: Étude de mémoire collective*, Paris: PUF.
――――, [1950]1997, *La mémoire collective*, Paris: Albin Michel.（小関藤一郎訳、１９８９、『集合的記憶』行路社.）
――――, 1955, *Esquisse d'une psychologie des classes sociales*, Paris: M. Rivière.（清水義弘訳、１９５８、『社会階級の心理学』誠信書房.）
浜日出夫、２０００、「記憶のトポグラフィー」『三田社会学』５：４- 16.
――――、２００２、「歴史と集合的記憶――飛行船グラーフ・ツェッペリン号の飛来」『年報社会学論集』15：３- 15.
――――、２００７、「記憶の社会学・序説」慶應義塾大学三田哲学会『哲学』１１７：１- 11.
――――、２０１０、「記憶と場所――近代的時間・空間の変容」『社会学評論』60（４）：４６５- 80.
浜日出夫・桝潟俊子、２０１０、「特集によせて」『社会学評論』60（４）：４６２- ４.
檜垣立哉、２０００、『ベルクソンの哲学――生成する実在の肯定』勁草書房.
Husserl, Edmund, [1928]1966, *Zur Phänomenologie des inneren Zeitbewusstseins, Husserliana Bd. X*, Den Haag: Martinus Nijhoff.（立松弘孝訳、１９６７、『内的時間意識の現象学』みすず書房.）
市川浩、［１９８３］１９９１、『ベルクソン』講談社.
井上毅、２０１１、「長期記憶Ⅱ――知識としての記憶」太田信夫・厳島行雄編『現代の認知心理学２ 記憶と日常』北大路書房、69 - １０５.

岩崎稔、１９９８、「シモニデス・サークル７　記憶と想起の多様なメタファ１」『未来』３８４：14－20．

――――、２００９、「記憶と想起の概念に関する一試論――『記憶論的転回』以後の思考のために」『ドイツ研究』43：59－82．

Jaisson, Marie, 1999, "Temps et espace chez Maurice Halbwachs (1925-1945)," *Revue d'histoire des sciences humaines*, 1: 163-78.

Jaisson, Marie et Christian Baudelot dir., 2007, *Maurice Halbwachs, sociologue retrouvé*, Paris: Éditions Rue d' Ulm.

木村敏、［１９９４］２０００、『偶然性の精神病理』岩波書店．

金瑛、２０１１、「集合的記憶と空間――アルヴァックスとトポグラフィー」『社会システム研究』14：１６９－79．

――――、２０１４、「記憶の私秘性と集合性――ベルクソンの記憶論をめぐって（１）」『Becoming』33：61－82．

木岡伸夫、２０１１、『風土の論理――地理哲学への道』ミネルヴァ書房．

北田暁大、２００１、「〈構築されざるもの〉の権利をめぐって――歴史的構築主義と実在論」上野千鶴子編『構築主義とは何か』勁草書房、２５５－73．

小関藤一郎、１９９３、「デュルケーム研究において見過ごされた領域――道徳研究について」『関西学院大学社会学部紀要』67：13－24．

前田英樹、［１９８９］２０１０、『沈黙するソシュール』講談社．

真木悠介、［１９８１］２００３、『時間の比較社会学』岩波書店．

Marcel, Jean-Christophe, 2004, "Mauss et Halbwachs: ver la foundation d' une psychologie collective(1920-1945)," *Sociologie et sociétés*, 36(２): 73－90.

Matsuda, Matt K., 1996, *The Memory of the Modern*, New York: Oxford University Press.

松島恵介、２００２、『記憶の持続　自己の持続』金子書房．

松浦雄介、２００５、『記憶の不確定性――社会学的探求』東信堂．

Mauss, Marcel, [1924-25] 2007, *Essai sur le don: Forme et raison de l'échange dans les sociétés arcaïques*, Paris: PUF.（吉田禎吾・江川純一訳、２００９、『贈与論』筑摩書房．）

Minkowski, Eugène, [1933] 1968, *Le temps vécu: etudes phénoménologiques et psychopathologiques*, Neuchâtel Suisse: Delachaux et Niestlé.（中江育生・清水誠訳、１９７２、『生きられる時間１』みすず書房．＆１９７３、中江育生ほか訳『生きられる時間２』みすず書房．）

Montigny, Gilles, 2005, *Maurice Halbwachs: vie, œuvre, concepts*, Paris: Ellipses.

内藤莞爾、１９９３、『デュルケムの社会学』恒星社厚生閣．

中川久定、１９７９、『自伝の文学――ルソーとスタンダール』岩波書店．

中久郎、１９７９、『デュルケームの社会理論』創文社．

中村雄二郎、［１９７９］２０００、『共通感覚論』岩波書店.
Namer, Gérard, 1994, "Postface," dans Halbwachs, 297-367.
———, 1997, "Postface," dans Halbwachs, 237-95.
———, 2000, *Halbwachs et la mémoire sociale*, Paris: L' Harmattan.
直野章子、２０１０、「ヒロシマの記憶風景——国民の創作と不気味な時空間」『社会学評論』60（４）：５００－16.
野家啓一、［１９９６］２００５、『物語の哲学』岩波書店.
———、［２００７］２０１６、『歴史を哲学する——七日間の集中講義』岩波書店.
Nora, Pierre, [1984]1997, "Entre Mémoire et Histoire: La problématique des lieux," Pierre Nora dir., *Les lieux de mémoire I*, la présente édition en trois volumes, Paris: Gallimard, 23-43.（長井伸二訳、２００２、「記憶と歴史のはざまに」『記憶の場１　対立』岩波書店、29－56.）
———, [1992]1997, "L' ère de la commémoration," Pierre Nora dir., *Les lieux de mémoire III*, la présente édition en trios volumes, Paris: Gallimard, 4687-719.（工藤光一訳、２００３、「コメモラシオンの時代」『記憶の場３　模索』岩波書店、４２７－74.）
———, 1996, "From *Lieux de mémoire to Realms of Memory*," L.D. Kritzman ed., *Realms of Memory: Rethinking the French Past, Volume 3: Symbols*, New York: New York University Press.（谷川稔訳、２００２、「『記憶の場』から『記憶の領域へ』」『記憶の場１　対立』岩波書店、15－28.）
荻野昌弘、２０１２、『開発空間の暴力——いじめ自殺を生む風景』新曜社.
岡真理、２０００、『記憶／物語』岩波書店.
岡野静二、１９８２、『社会学と心理学の交流』酒井書店.
大森荘蔵、１９８１、『流れとよどみ——哲学断章』
———、１９９２、『時間と自我』青土社.
———、１９９４、『時間と存在』青土社.
———、１９９９、『時は流れず』青土社.
大野道邦、２０１１、『可能性としての文化社会学——カルチュラル・ターンとディシプリン』世界思想社.
大澤真幸、２００８、『〈自由〉の条件』講談社.
大澤真幸・北田暁大、２００８、『歴史の〈はじまり〉』左右社.
Péquinot, Bruno dir., 2007, *Maurice Halbwachs: le temps, la mémoire, et l'émotion*, Paris: L' Harmattan.
Ricœur, Paul, 2000, *La mémoire, l'histoire, l'oubli*, Paris: Édition du Seuil.（久米博訳、２００４－０５、『記憶・歴史・忘却』（上）（下）新曜社.）

Rousseau, Jean-Jacques, [1782]1891, *Les confessions*, Kessinger Legacy Reprints, Paris: Garnier frères.（桑原武夫訳、１９６５、『告白』（上）（中）岩波書店、&１９６６、桑原武夫訳『告白』（下）岩波書店.）

坂部恵、［１９９０］２００８、『かたり――物語の文法』筑摩書房.

Sarthou-Lajus, Nathalie, 2012, *Eloge de la dette*, Paris: PUF.（高野優監訳・小林重裕訳、２０１４、『借りの哲学』太田出版.）

Schwartz, Barry, 1982, "The Social Context of Commemoration: A Study in Collective Memory," *Social Forces*, 61（2）: 374-97.

シュヴェントカー、ヴォルフガング、２００４、「〈研究動向〉集合的記憶とナショナル・アイデンティティ」『社会思想史研究』28：１７１-８.

千田有紀、２００１、「序章 構築主義の系譜学」上野千鶴子編『構築主義とは何か』勁草書房、１-41.

清水強志、２００７、『デュルケームの認識論』恒星社厚生閣.

高橋哲哉、２００１、『歴史／修正主義』岩波書店.

竹沢尚一郎、２０１０、『社会とは何か――システムからプロセスへ』中央公論新社.

上野千鶴子、２００１、「構築主義とは何か――あとがきに代えて」上野千鶴子編『構築主義とは何か』勁草書房、２７５-３０５.

Uexkull, Jakob von und Georg Kriszat, [1934]1970, *Streifzüge durch die Umwelten von Tieren und Menschen*, Frankfurt am Maim: S. Fischer.（日高敏隆・羽田節子訳、２００５、『生物から見た世界』岩波書店.）

渡辺由文、２０１０、『時間と出来事』中央公論新社.

米山リサ、２００３、『暴力・戦争・リドレス――多文化主義のポリティクス』岩波書店.

あとがき

本書は、二〇一七年三月に京都大学大学院人間・環境学研究科に提出した博士論文「記憶と社会――モーリス・アルヴァックスの記憶の社会学をめぐって」を加筆・修正したものである。博士論文はそれ以前に執筆した論文をもとにしているが、各章はそれまでの論文を大幅に書き換えた書き下ろしに近いものであるため、初出については割愛する。

私がアルヴァックスの記憶論に出会ったのは、修士課程に進学してすぐの頃であったと思う。その頃の私は、当時流行していた「戦争の記憶」論や文化遺産論などの影響も受けつつ、漠然と「記憶」というものをテーマにしたいと考えていた。だが一方で、ポストコロニアルのような規範的にすぎる議論にもどこかついていけないものを感じてもいて、もう少し「記憶」というものそのものについて原理的に考えたいとも思っていた。

そんななか、大野道邦氏や浜日出夫氏らによって記憶の社会学の始祖として紹介されていたアルヴァックスの名に目が留まった。当時はまだ、鈴木智之氏による『記憶の社会的枠組み』の翻訳も出ておらず、小関藤一郎氏による『集合的記憶』の翻訳があるのみであり、研究者として駆け出しの私の目から見ても、十分な研究が進んでいるようには思えなかった。「集合的記憶」という便利なマジックワードだけが消費されているだけではないのか。アルヴァックスをめぐる研究状況を見ていて、そんな不満を漠然と感じていたことを覚えている。

とはいえ、自分でアルヴァックスを読み進めていくうちに、なぜ踏み込んだ形でのアルヴァックス研究が行われてこなかったのかにも合点がいくようにもなった。アルヴァックスの記憶論の前提には、彼が師事したベルクソンの記憶論やデュルケームの社会学があり、さらには彼独自の経済社会学的研究や、宗教論なども大きな反響を及ぼしている。それらすべてを一人の研究者が扱うことは不可能であり、特に昨今の社会学における哲学嫌い、学史・理論へのアレルギーとも言える状況のなかでは、こうした細かな部分まで踏み込んだ学史・理論研究はそれほど好まれないのも分かっていた。

だが私は、アルヴァックスの記憶論の理論研究を選んだ。ひとえにそれは、アルヴァックスを読むことで、そこに反響するデュルケーム社会学やベルクソン哲学への新たな扉、記憶論の新たな扉が開かれていくのを感じたからだろう。本書を読めば分かるように、私はアルヴァックスの読解から触発されて、デュルケームやベルクソンの理論、言語論・時間論・空間論などに、記憶論の観点から新たなアプローチを試みている。それらがどれだけ成功しているかは心許ないが、アルヴァックスの理論の中にあるそうした喚起力を、読者に少しでも感じさせるものとなっていることを願う。

出版にあたっては、「令和元年度 京都大学総長裁量経費 人文・社会系若手研究者 出版助成」ならびに「令和元年度 京都大学大学院人間・環境学研究科長裁量経費による支援」を受けた。関係者各位に謹んで御礼申し上げる。

本書の成立にあたっては、他にも多くの方々のお世話になった。ここに記して感謝申し上げる。

まず、博士論文の主査であり指導教員である大黒弘慈先生、副査の多賀茂先生、柴山桂太先生には、論文を読み込んでいただいた上での批判・質問をいくつも口頭試問にていただき、今回の書籍化にあたっての加筆・修正の際に大いに参考にさせていただいた。先生方のご指摘をどこまで反映できているかは心許ないが、ここに深く感謝申し上げたい。

また、日仏社会学会、デュルケーム／デュルケーム学派研究会の関係者各位にも感謝申し上げる。一人ひとりのお名前を挙げることは差し控えるが、研究例会や学会大会での報告の機会をいただき、故・大野道邦先生をはじめとした先生方からさまざまなご批判・激励をいただけたことは、博士論文を執筆するうえでの大きな原動力となった。

最後に、支え続けてくれた母と弟、記憶の中の今は亡き祖父母と父に、心からの感謝を。

二〇二〇年三月

金　瑛

〈タ行〉

〈ナ行〉

〈ハ行〉

〈マ行〉

人名索引

〈ア行〉

〈カ行〉

〈サ行〉

《著者紹介》

金　瑛（キン　エイ）

1986年生まれ
京都大学大学院人間・環境学研究科博士課程修了　博士（人間・環境学）
甲南女子大学、関西大学ほか非常勤講師

主要業績
論文：「記憶における時間意識――アルヴァックスの記憶観をめぐって」（『日仏社会学会年報』第24号、2013年）
翻訳：「『記憶の社会的枠組み』序文・結論（1）」（『社会システム研究』第22号、2019年）

記憶の社会学とアルヴァックス

2020年3月25日　初刷第1刷発行　＊定価はカバーに表示してあります

著　者　金　瑛©
発行者　植田　実
印刷者　江戸　孝典

発行所　株式会社　晃　洋　書　房
〒615-0026　京都市右京区西院北矢掛町7番地
電　話　075-(312)-0788番(代)
振替口座　01040-6-32280

装丁　浦谷さおり　組版　金木犀舎
印刷・製本　共同印刷工業（株）

ISBN978-4-7710-3350-4